前言

拥抱 AI，让团队效能跃升新维度

过去，我们谈管理的时候，总将其视为"一半科学，一半艺术"。管理者像手工作坊里的匠人，既要雕琢目标分解的精度，又要打磨沟通反馈的温度。

可当"00 后"员工带着数字化基因涌入职场，当远程办公模糊了工作时空的边界，当市场变化以周为单位迭代时，我们突然发现：传统的管理范式正在遭遇降维打击。

那些曾让我们引以为傲的经验主义，正在显露出危险的裂缝。

- 决策滞后性：依靠月度报表制定策略，就像通过后视镜驾驶智能汽车。

- 执行衰减效应：层层传递的指令到达基层时，早已被信息漏斗过滤得面目全非。

- 创新瓶颈症：管理者深陷于事务性工作，创造力被 Excel 表格与会议纪要等吃掉。

这不是管理者的能力危机，而是管理工具的代际鸿沟。

1.AI 带来智能增强型的管理范式

AI 正在重构团队管理的底层逻辑，采用 AI 辅助团队管理，其决策效率、目标达成率、员工满意度等都有明显提升。

（1）决策支持系统：DeepSeek 分析市场趋势时，不会因情绪影响判断；文心一言处理百万级员工的行为数据时，不会因疲劳而产生认知偏差。AI 让决策从"经验驱动"升级为"数据＋算法"的双轮驱动。

（2）事务型工作自动化：如某团队引入 AI 会议纪要的 3 个月内，无效会议明显减少，跨部门协作效率显著提升。当重复性事务被 AI 接管，管理者终于能从"流程监督者"回归"价值创造者"的本质角色。

（3）人才发展新基建：试想这样的场景，新员工入职时，AI 根据其性格特质与岗位胜任力模型，自动生成个性化成长路径；与员工进行季度绩效沟通前，系统已模拟 5 种激励方案的效果。这不是科幻场景，而是正在发生的现实。

2.AI 不是替代者，而是管理者的"强化外骨骼"

在与众多管理者交流时，我常遇到两种极端认知：要么将 AI 视为洪水猛兽，担心被机器取代；要么陷入技术崇拜，认为有了 AI 就万事大吉。这两种认知都忽略了其本质：AI 的价值不在于取代，而在于增强。

优秀的管理者不是只会机械地操作 AI 的人，而是应进化为"人 ＋AI"协作的专家：

- 你负责定义团队的使命，AI 将其拆解为可执行的 OKR（目标与关键成果法）体系。

- 你洞察员工深层需求，AI 提供个性化激励方案建议。

- 你把握战略方向，AI 评估执行偏差并预警。

在这种协作模式下，管理者从"全能选手"转型为"交响乐团指挥家"，

AI赋能小团队管理

任康磊 ◎ 著

写给管理者的AI使用手册

人民邮电出版社

北京

图书在版编目（CIP）数据

AI 赋能小团队管理：写给管理者的 AI 使用手册 / 任康磊著. -- 北京：人民邮电出版社，2025. -- ISBN 978-7-115-67292-6

Ⅰ. C936-39

中国国家版本馆 CIP 数据核字第 2025T7N438 号

内 容 提 要

现在做小团队管理，最头疼的就是"活多人少"，而 AI 技术的发展，全面重塑了小团队的管理逻辑，它能给你生成经营方案、高效安排工作，等等。

这本书采用图解的形式进行讲解。全书共 10 章。第 1 章至第 7 章讲解如何用 AI 知人善任、用 AI 分析决策、用 AI 安排工作、用 AI 沟通协调、用 AI 激励奖惩、用 AI 高效开会、用 AI 培养发展员工；第 8 章至第 10 章从三大小团队管理类型——市场销售型、研发创意型、生产制造型视角，讲解如何用 AI 高效推进工作。不管你是哪种类型的管理者，AI 都能帮你做好管理决策，不用懂技术，照着书里的招数去做就可以了。

本书适合小团队管理者、一人公司管理者和自由职业人士阅读。

◆ 著　　　任康磊

　　责任编辑　刘　姿

　　责任印制　彭志环

◆ 人民邮电出版社出版发行　　北京市丰台区成寿寺路 11 号

　　邮编　100164　　电子邮件　315@ptpress.com.cn

　　网址　https://www.ptpress.com.cn

　　三河市中晟雅豪印务有限公司印刷

◆ 开本：880×1230　1/32

　　印张：6　　　　　　　　　　2025 年 7 月第 1 版

　　字数：134 千字　　　　　　 2025 年 7 月河北第 1 次印刷

定价：49.80 元

读者服务热线：(010)81055296　印装质量热线：(010)81055316
反盗版热线：(010)81055315

AI 则成为各个声部的智能增强器。

一位"95 后"创业者的观点让我印象深刻："不会用 AI 的管理者，就像到了智能手机时代还在用传呼机的人。"

回望过去，那些掉队的企业，往往不是败给竞争对手，而是输给了时代。管理者真正的危机，从来不是 AI 替代人类，而是会用 AI 的管理者淘汰不会用 AI 的管理者。

3. 构建属于你的 AI 管理系统

站在人工智能奇点临近的当下，每个管理者都面临这样的选择：是继续用 Excel 函数计算团队效能，还是让 AI 实时推演最优解？是花费大把时间核对考勤数据，还是让系统自动生成团队管理优化方案？

我始终相信，真正的管理智慧不在于工具本身，而在于选择工具的勇气与驾驭工具的智慧。当你在本书中看到 AI 将某类工作的耗时从 8 小时压缩到 8 分钟时，不要感到焦虑——这恰恰意味着，你每天多出 7 个多小时去做其他的事：

- 与核心成员进行深度战略研讨。
- 设计颠覆性的激励机制。
- 思考行业的下一个增长点。

管理的本质始终是"通过他人完成目标"，而 AI 正在赋予这个目标新的维度，建造让人类智慧绽放得更加灿烂的智能基座。

AI 的出现，不是传统管理方式的终点，而是智能管理时代的起点。翻开本书，让我们共同开启这场管理进化之旅吧。

目录

第 1 章　AI＋知人善任

第 2 章　AI＋分析决策

第 6 章　AI+高效会议

第 7 章　AI+培养发展员工

第 8 章　AI+市场销售型团队管理

第 $\Large 1$ 章

AI+知人善任

在团队管理中，知人善任是打造高效团队的基础。AI 技术的融入，为这一传统难题带来了全新的解决方案。从精准定位岗位角色，借助 AI 分析岗位需求与特点，设计出科学合理的岗位架构；到组建团队时，利用 AI 强大的数据筛选与匹配能力，甄选出高适配的人才；再到全面评估人才，AI 能综合多方面因素给出客观评价；它还能发掘下属潜在优势，让人才在合适的位置发光发热，同时塑造超强团队合力，营造理想团队氛围。在本章中，我们将一同探索 AI 如何在知人善任的各个环节发挥关键作用。

1.1 精准定位：用 AI 助力岗位角色设计

问题情景

1 最近团队扩张后，面临发展方向混乱的问题，外部竞争加剧，内部效率却持续走低，该怎么破局？

2 这是典型的角色设计缺失。就像交响乐团没有乐谱，小提琴手跑去打鼓，声音能不乱吗？清晰的岗位角色能明确"谁负责什么""决策权边界在哪"等，减少内耗。

3 可业务变化快啊，去年定的岗位职责今年就不适用了，频繁调整会不会让员工缺少安全感？

4 动态调整≠随意变动，可以利用"核心职能锚点＋弹性任务模块"方式。例如规定 80% 精力必须聚焦主航道，20% 用于创新探索，这既能保持稳定性，又能适应变化。

5 那如何避免角色设计沦为形式主义？很多公司的岗位说明书有厚厚一沓，实际执行时还是各干各的。

6 关键要让角色与资源分配、晋升标准、绩效考核相挂钩。例如明确"客户需求分析"岗位需产出月度洞察报告，直接关联季度奖金，自然能推动执行。

AI 提问框架

通用公式 = 业务场景定位 + 岗位角色设计目标 + 数据验证需求

业务场景定位 →

明确岗位角色设计的业务背景与约束条件，为 AI 提供分析坐标系。帮助 AI 理解岗位角色设计需适配的业务土壤，避免方案与实际情况脱节。

提问要素

- **行业特性**：如研发密集型、客户高触点服务。
- **组织阶段**：如初创期、成熟期公司。
- **技术工具**：如使用飞书多维表格管理项目、依赖 CRM（客户关系管理）系统获客。

角色设计目标 →

将抽象诉求转化为可量化的设计原则，为 AI 划定岗位角色设计需解决的问题边界，避免方案泛化。

提问要素

- **期望产出**：如缩短客户响应周期 30%。
- **协作模式**：如需要跨部门虚拟小组、要求单兵作战能力。
- **风险规避**：如防止关键岗位人才流失、避免过度依赖某员工等。

数据验证需求 →

要求 AI 基于特定数据验证岗位角色合理性，确保设计方案可落地、可测量，而非纸上谈兵。

提问要素

- **历史数据**：如过去半年客服工单处理量分布。
- **标杆案例**：如竞品研发团队角色分工模型。
- **员工画像**：如现有成员技能矩阵、离职人员能力共性分析等。

准备资料

要点	内容
组织诊断报告	含现有岗位说明书、离职面谈记录、跨部门投诉案例等。
业务流地图	标注各环节参与岗位角色、耗时占比及常见卡点等。
员工能力图谱	通过测评或项目复盘得出的技能分布热力图等。
外部对标素材	类似行业头部企业的 JD（工作说明书）及薪酬数据等。

实战案例

业务场景定位

我们是某新消费品牌电商团队，负责天猫 / 抖音双平台运营，团队 25 人（含 5 名实习生）。核心业务指标是直播间 GMV（商品交易总额）转化率 ≥ 8%，目前达成率仅为 6.2%。使用蝉妈妈、有赞等系统，但数据孤岛严重。

角色设计目标

需重新设计三类岗位角色

1. 确保直播脚本与实时流量波动动态匹配（如减少 30% 硬植入时段掉粉率）。

2. 建立跨平台用户行为分析模型（如识别抖音用户与天猫用户消费决策差异）。

3. 设计实习生培养路径（如 3 个月内能独立承担基础场控工作）。

数据验证需求

请基于以下信息生成方案

1. 近 3 个月各时段直播间用户停留时长分布。

2. 竞品头部直播间说话的技巧与福利发放节奏关联性分析。

3. 现有运营团队成员 SQL（结构化查询语言）取数能力及 Python（计算机编程语言）脚本掌握度测评结果。

需要输出

1. 岗位角色职责清单（含每项工作的输入输出标准）。

2. 协作流程图（标注各环节岗位角色交互节点）。

3. 能力模型升级方案（优先补足"用户行为分析"技能缺口）。

注意事项

要点	内容
灰度验证	先在小范围试点岗位角色设计，观察 1~2 个迭代周期后再全面推广。
动态校准	每季度根据业务数据调整岗位角色（如大促期间增设"流量应急指挥官"）。
文化适配	AI 方案需与团队现有沟通风格匹配（如工程师团队避免过度强调"狼性"文化）。
伦理审查	涉及员工监控类角色设计（如效率稽查员）须提前与法律顾问沟通合规性。

1.2　组建团队：用 AI 甄选高适配人才

问题情景

①
最近业务扩张需要招聘 10 个 Java 工程师，可 HR 筛选了 300 份简历，技术部门面试后只有 3 个应聘者勉强能用，项目工期已经拖延半个月了。

②
你这属于"人才画像模糊"，就像拿着渔网去捞珍珠，网眼太大当然会漏掉珍珠。高适配人才不是靠运气碰，得先明确这个岗位要创造什么独特价值。

③
我们要求有 5 年以上相关工作经验，但招来的人代码规范差，总引发线上故障。

④
经验年限是显性门槛，隐性门槛更关键。例如"能设计高并发系统"，需要候选人主导过日均百万 PV（页面浏览量）的项目，这要在面试中通过 STAR 法则（情境 – 任务 – 行动 – 结果）深挖。

⑤
还有新人入职后"水土不服"，明明技术强却和团队格格不入。

⑥
这就是文化适配度没把好关，建议把团队倡导的价值观转化为可观察的行为。例如将"拥抱变化"转化为"主动参与跨部门项目"，将"客户至上"转化为"主动跟进线上问题修复"。

AI 提问框架

通用公式 = 人才需求定位 + 筛选标准构建 + 评估维度设计

人才需求定位 →

明确岗位须解决的核心矛盾及对业务的关键影响，帮助 AI 理解"什么人能创造差异化价值"，避免泛泛筛选。

提问要素

· 岗位类型：如增长黑客、用户研究员。
· 业务场景：如跨境电商供应链优化、医疗 AI 数据标注。
· 价值锚点：如提升 30% 复购率、降低 20% 客诉率。

筛选标准构建 →

将隐性需求转化为可量化的硬性 / 软性条件，为 AI 提供"人才筛选的坐标轴"，提升匹配精度。

提问要素

· 硬性门槛：如主导过千万级项目、持有 PMP（项目管理专业人员）认证。
· 软性特质：如复杂问题解决能力、冲突管理能力。
· 文化适配点：如结果导向、扁平化沟通。

评估维度设计 →

规划如何验证候选人的关键能力，确保 AI 建议的筛选方式可落地。

提问要素

· 能力测试：如现场设计 SQL 优化方案、模拟用户访谈。
· 行为面试：如请举例说明你推动过最难落地的项目。
· 数据验证：如提供过往项目收益分析报告。

准备资料

要点	内容
岗位价值图谱	含岗位核心职责、协作关系、决策权限等。
人才流失分析	近半年离职人员的绩效数据、离职面谈记录等。
业务场景案例	3~5 个岗位须解决的真实业务难题（如如何提升直播带货转化率）。
文化行为标准	将价值观转化为可观察的行为（如客户至上 = 主动跟进线上问题修复至闭环）。

实战案例

人才需求定位

我们是某新能源车企智能驾驶团队，需招聘"感知算法工程师"。该岗位须解决的核心矛盾是"在极端天气下（暴雨 / 浓雾）提升摄像头感知精度"，直接影响 L3（自动辅助驾驶）功能落地。

筛选标准构建

硬性门槛
1. 有量产车型感知算法开发经验。
2. 发表过顶级会议论文。
3. 熟悉 Transformer（深度学习模型架构）在点云处理中的应用。

软性特质
1. 能跨领域整合激光雷达与视觉数据。
2. 具备车规级功能安全认证思维。

文化适配点
接受"测试车极端场景路测"的高强度出差。

评估维度设计

请基于以下信息生成方案
1. 技术笔试：给定暴雨场景数据集，要求优化目标检测 MAP 值（平均精度均值）。
2. 模拟评审：角色扮演向跨部门解释技术方案。
3. 背调重点：核实候选人参与量产项目的具体贡献度。

需要输出
1. 精准人才画像（含行业 / 企业分布）。
2. 定制化面试题库（含技术面试题与结构化行为面试题）。
3. 竞品公司同类岗位薪酬分位值参考。

注意事项

要点	内容
交叉验证	AI 推荐的候选人须通过"历史项目复盘报告 + 专家背对背评估"双重验证。
动态校准	每完成 3 次招聘后，根据新员工绩效数据优化筛选模型。
文化适配	AI 难以评估"幽默感""同理心""人格魅力"等软性特质，须结合结构化行为面试（如请讲述你化解同事矛盾的经历）。

1.3 全面评估：用 AI 综合评价人才

问题情景

1 去年推行 OKR 考核，可在季度打分时大家轮流当优秀，绩效好的员工也不服气，团队氛围反而更僵了。

2 这是典型的评估维度单一化，就像用同一标准衡量姚明和博尔特，忽略了岗位差异。综合评价需要建立动态评估矩阵，把结果指标与过程指标结合起来。

3 技术骨干总加班但产出一般，新人效率高但代码质量差，这种情况怎么平衡？

4 设置双维度评分卡——技术能力按代码质量、系统架构设计打分，协作能力按需求响应速度、文档完善度评估。就像足球比赛，前锋用进球数评估，门将用扑救率评估，标准不同但贡献可比。

5 想培养高潜人才，但不知道该把资源投给谁，怕选错人浪费机会。

6 建立九宫格人才地图，横轴是绩效，纵轴是潜力。高绩效高潜力是"明日之星"，低绩效高潜力是"待雕琢璞玉"，低绩效低潜力则需"优化调整"。

AI 提问框架

通用公式 = 评估目标定位 + 数据基础构建 + 分析维度设计

评估目标定位

明确评价的核心目的及须解答的关键业务问题，为 AI 设定分析方向，避免为了评估而评估。

提问要素

· **岗位类型**：如研发骨干、销售主管。
· **业务诉求**：如识别高潜人才、优化团队结构。
· **决策场景**：如晋升评审、资源分配、培训规划。

数据基础构建

提供支撑评价的多源数据输入，确保评价有理有据，减少主观偏差。

提问要素

· **客观数据**：如项目交付周期、客户满意度评分。
· **主观数据**：如评估反馈、跨部门协作评价。
· **行业标杆**：如同类岗位市场薪酬分位值、技能认证标准。

分析维度设计

将抽象评价目标拆解为可量化的具体指标，构建评价坐标系，使人才特征可视化。

提问要素

· **能力维度**：如战略思维、用户洞察力。
· **行为维度**：如跨部门协作频次、创新提案数量。
· **潜力维度**：如学习敏捷度、环境适应力。

准备资料

要点	内容
岗位能力模型	含胜任力要素及行为描述（如"领导力 = 成功辅导 3 名下属晋升"）。
历史评价数据	近 2 年绩效考核表、项目复盘报告、培训记录。
业务场景案例	3~5 个岗位须解决的核心业务难题（如"如何提升 App 用户留存"）。
行业对标信息	同类岗位人才画像、市场薪酬报告、竞品人才策略等。

实战案例

评估目标定位 →

我是某金融科技公司的算法团队负责人，需在 30 人的团队中识别"技术领军人才"培养对象，目标是未来 1 年支撑 3 个 AI 风控模型落地。

数据基础构建 →

请你整合以下数据

1. 客观数据：近半年代码提交质量（圈复杂度、注释完整率）及模型上线后的坏账率下降值。
2. 主观数据：技术评审会上的方案创新评分（1~5 分）、跨部门协作满意度调研结果。
3. 行业标杆：GitHub（代码托管和协作开发平台）开源项目贡献度。

分析维度设计 →

请从以下三个维度评估

1. 技术攻坚能力：主导完成复杂项目的数量与难度系数。
2. 技术影响力：在团队内部的知识分享频次、外部技术峰会演讲次数。
3. 业务转化力：开发的算法产生的直接经济价值（如降低多少万元逾期损失）。

需要输出

1. 人才梯队分布图（含"领军人才""骨干人才""潜力人才"等）。
2. 每位候选人的能力雷达图（如技术 / 影响力 / 转化力）。
3. 定制化培养建议（如须加强从算法到业务落地的转化思维训练）。

注意事项

要点	内容
数据清洗	剔除偏见数据（如领导主观加分），确保评价的客观性。
动态校准	每半年根据业务变化调整评估维度［如新增 AIGC（生成式人工智能）］。
人工复核	对 AI 识别出的"高潜人才"进行深度面谈，验证其是否具备相关能力。
反馈闭环	将评价结果用于制定个性化发展计划，而非单纯作为奖惩依据。

1.4　人尽其才：用 AI 发掘下属潜在优势

问题情景

1 最近给团队做技能盘点，发现半数成员都在重复基础操作，明明招聘时都是重点院校毕业生，为什么成长这么慢？

2 这说明你们在用"显微镜"做管理——只看到岗位说明书上的显性要求，却忽略了冰山下的潜力。就像钻石原石需要经过切割才能闪耀，员工优势也需要被"情境化"激发。

3 有个程序员编写的代码质量一般，但他在技术分享会上讲解的框架设计特别清晰，这算潜在优势吗？

4 这正是需要捕捉的"高潜信号"！这类员工可能具备架构思维，只是当前岗位没有提供发挥空间。建议建立"优势发现日志"，记录成员在非常规任务中的亮点表现。

5 但调整岗位风险太大，万一新角色不匹配怎么办？

6 可以先用"过渡性项目"测试。例如让这位程序员牵头技术方案设计，保留原岗位作为安全网，这样既能验证能力又不影响主营业务。

AI 提问框架

通用公式 = 输入员工画像 + 行为数据锚点 + 优势探测方向

输入员工画像

提供被评估者的基础信息与岗位背景，为 AI 建立分析基准，避免"刻舟求剑"式判断。

提问要素

- **基本信息**：如 90 后 / 计算机专业 /3 年经验。
- **当前岗位**：如中级 Java 工程师 / 负责支付模块开发。
- **职业锚点**：如希望转向技术管理岗。

行为数据锚点

列举具体工作中展现潜在能力的行为案例，将抽象评价转化为可量化的事实依据。

提问要素

- **高光时刻**：如主导完成跨部门 API（应用程序编程接口）对接，提前 2 周交付。
- **低效场景**：如在简单 CRUD（增加、读取、更新和删除）功能开发上速度较慢。
- **跨界表现**：如业余运营技术自媒体，获 5000+ 关注者。

优势探测方向

明确希望 AI 挖掘的潜在能力领域，为 AI 划定探索范围，避免在无关领域发散。

提问要素

- **能力维度**：如复杂问题解决能力、创新突破能力。
- **业务场景**：如需要能设计分布式系统的架构师。
- **发展阶段**：如适合 1 年内培养的潜力方向。

准备资料

要点	内容
工作行为记录	关键任务完成过程文档、跨部门协作反馈等。
能力标签库	行业通用技能图谱（如"AI 产品经理能力模型"）。
业务挑战清单	当前需突破的能力缺口（如"缺乏智能合约开发经验"）。

实战案例

输入员工画像

被评估者：王芳，28 岁，市场专员，负责公众号运营 2 年，近期承担短视频策划工作。职业目标：成为用户增长负责人。

行为数据锚点

王芳有如下表现

1. 高光时刻：策划的"用户故事"系列视频平均播放量超 5 万次，比常规内容高 300%。
2. 低效场景：撰写的活动推文转化率持续低于团队均值的 15%。
3. 跨界表现：自学掌握 A/B 测试工具，为投放策略优化提供数据支持。

优势探测方向

请分析

1. 王芳在"用户共情能力"和"数据驱动思维"方面的潜力强度。
2. 其更适合向"用户运营"还是"市场数据分析"方向发展。
3. 建议可快速验证其潜力的试错型任务。

需要输出

1. 潜力雷达图（含创造力、执行力、战略思维等维度评分）。
2. 与目标岗位的能力匹配度分析。
3. 三个低成本试错方案及预期收益。

注意事项

要点	内容
动态校准	每 3 个月更新员工行为数据库，避免"刻舟求剑"。
灰度验证	AI 建议通过"沙盘推演"测试（如模拟新岗位工作场景）。
伦理边界	不分析员工私人社交数据，仅使用工作场景信息。
情感衔接	向员工反馈 AI 分析结果时，须结合管理者的个人判断。
失败宽容	设置"安全试错区"，对验证失败的情况建立退出机制。

1.5 协同增效：用 AI 塑造超强团队合力

问题情景

1 最近刚解决研发部和市场部的需求对齐问题，又冒出售后和物流的响应断层，团队规模越大反而越像散沙，怎么办？

2 这说明你们的协同机制处在"物理连接"层面，缺乏"化学融合"。就像交响乐团需要指挥对声部进行动态调配才能成就演出。可以试着把各环节衔接点转化为可复用的协作模块。

3 我们尝试过定期开会同步信息，但执行时还是各干各的，例如市场部承诺的推广资源总是被临时挪用。

4 这是典型的"信息孤岛效应"。需要建立双向契约机制：当 A 部门请求 B 部门支持时，必须同步提供对方需要的资源反哺，就像河流中的支流，既要汇入主干道，也要获得水源补给。

5 但各部门 KPI（关键绩效指标）差异太大，例如销售部看收入，研发部看上线速度，怎么平衡？

6 设置"协同 KPI 杠杆"，例如将 20% 的绩效与跨部门协作满意度绑定。这不是简单的利益让渡，而是通过机制设计让局部最优自然导向整体最优，就像雁阵飞行比单飞节省能量。

AI 提问框架

通用公式 = 目标对齐度检测 + 协同障碍扫描 + 优化方案推演

目标对齐度检测 →

量化各部门目标与整体战略的匹配程度，暴露"目标错位"问题，如研发部过度追求技术先进性而忽略商业化需求。

提问要素

- 战略关键词：如用户增长、降本增效。
- 部门指标拆解：如市场部"新客获取"与销售部"复购率"的联动。
- 资源分配图谱：如预算 / 人力在各项目的投入比例。

协同障碍扫描 →

识别跨职能协作中的摩擦点，定位"协作熵增"源头，如发现 70% 的延期项目是因为需求变更未同步法务团队而发生延期。

提问要素

- 流程断点：如需求从市场部传递到研发部的平均耗时。
- 决策灰区：如跨部门纠纷由谁最终裁决。
- 信息漏斗：如周报中的关键数据缺失比例。

优化方案推演 →

基于前两个阶段的分析生成可落地的改进建议，将抽象问题转化为具体行动项，如建议每周跨部门同步会议压缩至 30 分钟。

提问要素

- 机制设计：如建立"需求变更影响评估表"。
- 工具匹配：如引入 OKR 看板实时追踪对齐度。
- 成本测算：如实施新流程须增加的沟通会议时间。

准备资料

要点	内容
协同场景清单	列出高频协同场景（如产品发布、客户投诉处理）。
冲突记录本	收集跨部门矛盾案例（含时间、涉及方、具体矛盾）。
资源流动图	标注人力 / 预算在各环节的流转路径。
决策日志	记录重大决策的参与者、讨论过程及执行结果。

实战案例

目标对齐度检测

我们是中型企业 SaaS（软件运营服务） 服务商，销售部本季度目标是"客户数增长 15%"，研发部的目标是"系统稳定性达 99.9%"，市场部的目标是"行业报告曝光量 5 万次"。请你分析如下 2 点。
1. 三个目标对"提升客户 LTV（生命周期价值）"的总贡献度。
2. 研发目标是否应增加"新功能模块开发"等增长性指标。

协同障碍扫描

近期出现客户团队与产品团队互相推诿：客户反馈功能缺失时，客户团队认为是产品缺陷，产品团队认为是客户需求管理问题。

请帮我
1. 绘制当前客户投诉处理流程图。
2. 识别流程中超过 48 小时的停滞环节。

优化方案推演

基于上述分析，请帮我
1. 设计跨部门协作 SLA（服务等级协议），明确各环节响应时效。
2. 分析功能使用与客户续约率的关联。
3. 测算实施新机制须增加的沟通成本（如每周联席会议时间）。

需要输出
1. 目标对齐矩阵（标红冲突指标）。
2. 流程优化前后对比图。
3. ROI（投资回报率）预测模型。

注意事项

要点	内容
动态校准	每季度更新协同数据，避免"分析时效性"偏差。
灰度验证	先在小范围验证 AI 建议（如试点跨部门虚拟小组）。
文化适配	评估建议与现有组织文化的兼容性（如扁平化团队慎用严格层级机制）。
失败预案	当新流程导致效率下降超过 15% 时启动原流程。

1.6　和谐共赢：用 AI 营造理想团队氛围

问题情景

1. 最近团队氛围有点僵，新员工融入慢，老员工抱怨沟通成本高，跨部门协作像打架。大家的目标感也不强，每天忙但不知道忙什么。

2. 团队氛围是效率的隐形开关。氛围好的团队，成员安全感强，更愿意主动协作；目标共识清晰的团队，能把资源集中在关键节点。你们试过用 OKR 拆解目标吗？

3. 试过，但执行中总被琐事打断。例如技术部反馈"需求不明确"，市场部怪"支持不到位"，最后项目拖延还得我背锅。

4. 这说明目标对齐和过程反馈机制缺失。理想氛围需要"双向信任"：管理者提供清晰方向，成员及时反馈问题。例如每周同步进展、每月复盘目标偏差，能减少 40% 以上的无效争执。

5. 还有员工压力大到焦虑，请假理由都是"家里有事"。长期下去团队士气会垮吧？

6. 压力管理是关键。可以通过定期匿名调研收集情绪，用"压力源—影响—解决方案"框架分析，例如区分"任务过载"还是"关系冲突"，有针对性地优化流程或沟通方式。

AI 提问框架

通用公式 = 目标定位 + 氛围痛点 + 优化方向

明确团队当前阶段的核心目标，为 AI 分析提供锚点，避免 AI 建议与团队实际脱节。

目标定位

提问要素
- 业务阶段：如新产品上线初期、季度冲刺期。
- 关键指标：如客户留存率提升 15%，项目交付周期缩短 30%。
- 团队规模与构成：如 20 人研发小组，80% 为 95 后。

描述当前团队氛围的具体问题，要可量化或场景化，帮助 AI 锁定分析维度，如协作效率或心理安全感。

氛围痛点

提问要素
- 沟通障碍：如跨部门邮件往返超 5 次才能确认需求。
- 目标模糊：如 50% 成员不清楚季度重点任务。
- 压力状态：如近 3 个月加班相关投诉增加 200%。

明确希望通过 AI 获得的具体支持类型，将抽象问题转化为可执行任务，如将"士气低落"转化为"生成 3 种压力缓解方案"。

优化方向

提问要素
- 工具推荐：如自动化协作平台，情绪调研模板。
- 流程优化：如设计目标对齐会议 SOP（标准操作程序）。
- 数据洞察：如分析高绩效团队的行为模式。

准备资料

要点	内容
团队数据	近 6 个月的绩效分布、离职面谈记录、协作工具使用日志等。
场景描述	具体冲突案例（如"因需求变更未同步导致技术部返工 3 次"）、高频抱怨关键词。
外部参考	行业标杆团队的氛围建设案例（如"某公司取消绩效考核后的协作模式"）。
管理诉求	优先改善的领域（如"提升跨职能协作"或"优化新生代员工激励"）。

实战案例

目标定位

我们是一家中型 SaaS 公司，客户成功团队共 15 人，负责续费和产品反馈收集。本季度续费率从 82% 降至 75%，客户反馈响应周期延长至 72 小时（竞品平均 48 小时），团队 NPS（净推荐值）评分下降 20 分。

氛围痛点

当前团队氛围的痛点

1. 目标割裂：70% 的成员认为"续费指标与个人工作无关"（如客服专注解决问题，未引导复购）。
2. 信息孤岛：使用 3 套不同的系统记录客户数据，跨部门查询需 2~3 天。
3. 压力堆积：客户高频投诉导致成员情绪耗竭，近 2 个月病假率上升 35%。

优化方向

请协助我设计

1. 目标对齐方案：将续费指标拆解为各岗位角色的日常行为指标（如客服每次通话后须标记"复购意向"）。
2. 协作提效工具：推荐能整合客户数据的平台，并模拟实施后的响应效率提升值。
3. 压力缓释计划：分析高压力场景（如月末冲刺），生成轮班制或情绪疏导 SOP。

注意事项

要点	内容
数据校准	AI 提供的氛围优化建议须与团队实际数据交叉验证，如"推荐减少会议次数"须对比历史会议时长与产出效率。
文化适配	AI 可能推荐硅谷式透明管理，但须评估是否与本团队存在文化或习惯冲突。
动态迭代	氛围问题常随业务变化，建议每季度用相同公式重新分析。
人性兜底	AI 无法识别成员个体差异，如"内向员工在头脑风暴中沉默"要由管理者主动干预。

第

2

章

AI+分析决策

分析决策是团队管理中的核心环节，关乎团队的发展方向与成败。AI 凭借其强大的数据处理和分析能力，成为团队管理者分析决策的得力助手。它可以进行全局 SWOT 分析，帮助管理者清晰了解团队的优势、劣势、机会和威胁；进行 5W2H 分析，让决策思路更加清晰明确；做波士顿矩阵分析，合理规划业务组合；实施 ABC 管理优化，提高管理效率；用 AI 直击问题核心，找到问题的根源，并制定 PDCA 计划，实现循环精进。接下来，让我们看看 AI 如何助力团队管理者作出明智的分析决策。

2.1 深度洞察：用 AI 做全局 SWOT 分析

问题情景

1 最近团队扩张后面临方向混乱的问题，外部竞争加剧，内部效率却持续走低，该怎么破局？

2 这种情况需要先厘清内外部环境，进行 SWOT 分析，通过分析"优势—机会"组合，可以找到最能发挥团队长板的领域，而"劣势—威胁"组合则须提前规避风险。

3 我们的技术很强，但市场反应慢，这种情况也可以用 SWOT 分析匹配资源吗？

4 没错！明确技术优势（S）后，可针对新兴市场需求（O）快速布局；同时优化流程短板（W），避免被竞争对手（T）挤压生存空间。这样战略会更聚焦。

5 我这里有些项目是领导层强推的，直接叫停会很难。

6 SWOT 的客观分析能提供数据支撑。用"劣势—威胁"象限展示风险，例如团队执行力弱（W）叠加竞品围攻（T），用事实推动决策调整会更有说服力。

AI 提问框架

通用公式 = 战略背景 + 决策矛盾 + 分析维度

战略背景

说明团队当前所处的业务阶段及核心战略目标，帮助 AI 理解分析的范围和深度，避免"大而全"的无效结论。

提问要素
- **业务定位**：如市场领导者、挑战者或细分领域专家。
- **战略周期**：如 3 年规划、年度攻坚。
- **资源约束**：资金、人才、技术专利储备。

决策矛盾

明确管理者在战略落地中面临的具体冲突或不确定性，将抽象的战略问题转化为可分析的对比项。

提问要素
- **资源争夺**：如研发预算该投 A 技术还是 B 产品。
- **风险对冲**：如寻求扩张速度与现金流安全的平衡点。
- **认知分歧**：部门间对同一机会的评估差异。

分析维度

规定 SWOT 分析覆盖的领域及数据要求，确保结论具备可操作性。

提问要素
- **内部扫描**：如专利数量、员工流失率、OEE（设备综合效率）。
- **外部扫描**：如政策风向标、替代品威胁指数、客户需求迁移数据。
- **交叉验证**：要求 AI 利用历史数据预测未来趋势。

准备资料

要点	内容
战略档案	三年规划书、季度经营分析会纪要等。
能力清单	核心技术专利目录、关键人才技能矩阵、设备产能报告等。
市场情报	行业协会白皮书、竞品发布会实录、客户需求调研原始数据等。
风险数据	近两年危机事件复盘报告、合规审计结果、供应商稳定性评估等。
财务基准	各业务线 ROI 数据、成本结构拆分表、投资回报周期测算模型等。

实战案例

战略背景　我是某智能家居公司产品总监，负责规划 20×× 年新产品线。当前公司的定位为"中高端全屋智能解决方案商"，技术优势在于自主研发的 AI 语音交互系统（市场占有率行业前三），但生产依赖代工厂（自有工厂占比仅 30%）。年度战略目标为在政策推动的"适老化改造"市场（预计规模 200 亿元），抢占 15% 份额。

决策矛盾

当前的矛盾

1. 技术路径冲突。
- 研发部主张将资源投入"无感化交互"（通过传感器自动识别用户需求），但该技术成熟度仅 60%；
- 销售部担心适老化客户价格敏感度高，所以要求优先开发"高性价比的基础款"。

2. 产能风险。
- 代工厂近期被曝出劳工纠纷，可能影响新品交付周期。
- 自建工厂须投入 8 000 万元，但会占用适老化市场的推广预算。

分析维度

请帮我完成 SWOT 分析
- 优势（S）：计算 AI 语音系统的客户复购率。
- 劣势（W）：评估代工厂停工风险对 Q4 营业收入的影响概率。
- 机会（O）：分析各省适老化政策执行进度，筛选补贴落地最快的 5 个省份。
- 威胁（T）：监测竞品在低线城市的渠道下沉速度。

注意事项

要点	内容
数据时效	注意采用当前最新的数据。
动态校准	每月导入最新经营数据修正 SWOT 权重（如新品试销反馈导致技术优势评分变化）。
人性化适配	战略选择须保留"人工否决权"，避免过度依赖数据而忽略组织文化因素。
成本穿透	资源分配方案必须标注执行中的"不可逆决策点"（如工厂奠基后无法撤回投资）。

2.2 策略导航：用 AI 引领 5W2H 分析

问题情景

1 最近团队新项目上线后，成员对目标理解不一致，有人埋头写代码，有人却反复修改需求文档，协作效率越来越低，该怎么统一方向？

2 这种情况需要先明确项目的核心逻辑。5W2H 分析中的"Why"能帮团队厘清目标价值，"What"和"How"能拆解具体任务，通过系统性提问让所有人对"为什么做、做什么、怎么做"等达成共识。

3 但团队成员习惯各干各的，如何让他们主动参与分析？

4 可以带着具体问题引导讨论。例如先问"Why——为什么这个需求优先级最高？"再细化到"How much——需要投入多少资源？"当大家用同一框架思考时，自然能对齐标准。

5 我们之前做过任务清单，但执行时还是出现责任推诿。

6 任务清单只解决"What"，而 5W2H 能补全"Who（责任人）、When（节点）、Where（执行场景）"等。例如明确"Who 负责测试环节"和"When 提交初版"，就能减少灰色地带。

AI 提问框架

通用公式 = 情境描述 + 核心矛盾 + 决策目标

情境描述 ➤ 对团队现状、业务背景、资源条件的客观陈述，须包含时间、空间、主体等维度，为 AI 划定分析边界，避免脱离实际的泛化建议。

提问要素
- 团队定位：如部门职能、人员规模。
- 业务阶段：如产品研发期、市场扩张期。
- 关键约束：如预算，技术工具，政策限制。

核心矛盾 ➤ 要解决冲突点，区分表象与本质（如"目标模糊"是表象，"缺乏 Why 共识"是本质），帮助 AI 聚焦关键问题。

提问要素
- 冲突表现：如决策拖延，资源浪费。
- 影响数据：如会议时长增加 40%，项目返工率增加 25%。
- 已有措施：如已尝试每日站会但无效。

决策目标 ➤ 期望通过 5W2H 达成的具体成果，须可量化或可执行，将分析转化为行动方案。

提问要素
- 分析深度：如定位三个主要责任盲区。
- 输出形式：如甘特图、RACI 矩阵（责任分配矩阵）。
- 落地要求：如要适配现有 OA（办公自动）系统。

准备资料

要点	内容
团队基础档案	成员分工表、近三个月项目进度表、会议纪要等。
问题溯源材料	客户投诉记录、内部复盘报告、跨部门协作沟通记录等。
业务参数	KPI 指标说明、资源分配规则、行业对标数据（如竞品项目周期）等。
管理者诉求	急需优化的环节（如决策流程或资源分配）、可接受的试错成本等。

实战案例

情境描述 → 我是某跨境电商公司的运营总监，管理一支 15 人团队（产品组 5 人、市场组 6 人、客服组 4 人），负责东南亚市场的店铺运营。当前公司主推智能家居产品，但近两个月销售额环比下降了 12%，客诉率上升 8%。团队使用 Trello（工作和家庭场景提高协作和生产力的软件）进行任务管理，但发生了如跨组协作效率低，产品组抱怨市场组需求变动频繁，客服组反馈产品说明书不清晰等问题。

核心矛盾 → **当前的核心矛盾**
1. 目标偏差：市场组为吸引流量频繁修改促销策略（如三天内更换两次促销方案），导致产品组开发进度延误。
2. 责任真空：客户反馈的产品安装问题（占客诉 60%）无人牵头解决，客服组与产品组互相推诿。
3. 资源浪费：因需求变更，市场组上月 30% 的广告素材未投入使用。

决策目标 → **请通过 5W2H 框架帮我**
1. 分析"需求频繁变更"的根本原因（Why），明确市场策略的决策权归属（Who）。
2. 制定《跨部门需求提交流程》（How），规定需求评估标准（What）和响应时限（When）。
3. 输出客户问题解决方案的责任矩阵（Where 涉及哪些环节），并估算所需人力资源费用（How much）。

注意事项

要点	内容
动态验证	AI 生成的 5W2H 结论须通过小范围试点（如选择一个项目组）验证可行性。
权责平衡	AI 可能过度理性化分工，须结合成员能力差异调整"Who"分配。
数据脱敏	涉及销售数据、客户信息时，用"品类 A""区域 B"代替真实名称。
迭代机制	每季度根据业务变化（如新市场拓展）更新 5W2H 分析模型。

2.3 智慧布局：用 AI 做波士顿矩阵分析

问题情景

1 最近我们产品线扩张后，资源分配越来越混乱。有些项目投入大量人力但回报却很低，有些高潜力的业务反而没人跟进，该怎么科学分配资源？

2 这种情况可以用波士顿矩阵来梳理。它将业务分为"明星、金牛、问题、瘦狗"四个象限，帮你明确哪些业务要重点投资，哪些需要收缩或放弃。

3 具体怎么操作？例如我们有两个核心产品，A 产品市场增速快但投入成本高，B 产品利润稳定但增长停滞。

4 A 产品属于"明星"——高增长但要持续投入，短期内可能亏损，但未来潜力大；B 产品是"金牛"——低增长但利润稳定，能为其他业务输血。通过矩阵定位后，你可以用 B 的利润支持 A 发展，同时剥离低效项目。

5 有些边缘项目是领导要求保留的，直接砍掉阻力太大。

6 波士顿矩阵的分类能提供客观决策依据，会更有说服力。例如，长期亏损且市场萎缩的"瘦狗"业务，可以用数据证明其拖累整体 ROI。

AI 提问框架

通用公式 = 业务全景描述 + 资源矛盾点 + 矩阵分析需求

业务全景描述 →

对团队管理的业务范围、市场环境、资源结构的全面陈述，须包含定量数据支撑，帮助 AI 理解业务全貌，为矩阵分类提供基础。

提问要素

- **业务分类**：如产品线、服务类型、区域市场。
- **市场数据**：如增长率、市场份额、利润率。
- **资源分布**：如人力、预算、技术投入占比。

资源矛盾点 →

当前资源分配与业务需求之间的冲突，须明确优先级争议点，聚焦核心矛盾，避免 AI 偏离关键问题。

提问要素

- **冲突表现**：如高潜力项目缺人，低效项目占用 50% 预算。
- **影响量化**：如导致整体 ROI 下降 8%。
- **决策障碍**：如管理层对旧业务有情感依赖。

矩阵分析需求 →

要求 AI 基于波士顿矩阵框架生成具体任务，须指向资源再分配决策，将理论模型转化为可执行的资源分配方案。

提问要素

- **分类标准**：如利润率低于 10% 视为瘦狗。
- **策略建议**：如明星业务须追加多少预算。
- **风险评估**：如砍掉某业务对团队士气的潜在影响。

准备资料

要点	内容
业务数据	各产品线 / 项目近一年的销售额、利润率、市场增长率等。
资源清单	人力投入表、预算分配表、技术 / 设备使用明细等。
市场分析	行业增长趋势报告、竞品市场份额数据、客户需求调研等。
管理诉求	战略优先级（如"保利润"或"冲规模"）、不可调整的底线（如"必须保留某业务"）等。

实战案例

业务全景描述 →

我是某智能家居公司的产品总监，管理 5 条产品线。

A. 智能锁：年增长率 25%，市场份额 12%，研发投入占团队总预算的 40%。

B. 扫地机器人：年增长率 5%，市场份额 18%，为公司贡献 50% 的利润。

C. 智能灯具：年增长率 −3%，市场份额 4%，长期依赖 B 产品的利润"输血"。

D. 空气净化器：年增长率 30%，市场份额 3%，需持续投入市场教育成本。

E. 智能音箱：年增长率 −10%，市场份额 2%，近两年亏损持续扩大。

资源矛盾点 →

当前的矛盾点

1. 资源错配：B 的利润被 A、D 大量占用，导致其技术迭代停滞，竞品已推出性价比更高的机型。

2. 战略模糊：管理层要求"同时保增长和利润"，但 C、E 业务拖累整体 ROI（当前仅 6%）。

3. 决策阻力：E 产品是 CEO 早期创业项目，团队不敢提议剥离。

矩阵分析需求 →

请用波士顿矩阵分析

1. 按"市场增长率 ≥ 10%、利润率 ≥ 15%"的标准，划分 5 条产品线的矩阵象限。

2. 设计资源再分配方案，并预测调整后的 ROI 变化。

3. 针对 E，提供 3 种温和优化建议，减少决策阻力。

注意事项

要点	内容
数据准确性	波士顿矩阵依赖真实市场数据，须校准增长率与利润的计算口径。
动态调整	矩阵结果每季度更新，避免因市场变化导致策略失效（如"明星"降级为"问题"）。
资源限制	AI 可能忽略非量化资源（如核心团队精力），需要人工补充评估。
策略适配性	AI 建议的"砍业务"可能不符合公司文化，须转化为渐进式优化方案（如阶段性收缩）。

2.4 精准分类：用 AI 实施 ABC 管理优化

问题情景

1 最近团队资源总是不够用，核心项目推进慢，琐碎事务又占用了大量时间，怎么才能把资源用在刀刃上？

2 可以试试 ABC 管理法，把任务按价值分成 A（高价值）、B（中价值）、C（低价值）三类，集中 70% 资源攻克 A 类任务，减少 C 类事务的精力消耗。

3 具体怎么分类？例如我们同时要维护老客户、开发新市场、优化内部流程，这些优先级怎么定？

4 A 类任务要符合战略目标且影响重大，例如新市场开发能带来 30% 的年收入增长；B 类主要是维持性工作，如老客户续约；C 类是行政流程等任务。分类后，你可以优化 C 类任务，腾出更多人力专注 A 类任务。

5 但上级总临时加派任务，A 类任务经常被打断。

6 ABC 分类需要管理者和团队达成共识。用数据证明 A 类任务的 ROI（如新市场能贡献 60% 的利润），用事实争取上级的支持，减少低效干扰。

AI 提问框架

通用公式 = 业务背景 + 资源分配痛点 + 分类优化需求

对团队业务范围、资源现状及目标的客观描述，须包含定量数据，帮助 AI 理解分类优化的基础逻辑。

业务背景

提问要素

· **业务类型**：如产品研发、客户服务、市场拓展。
· **资源总量**：如团队规模、预算、时间。
· **战略目标**：如一年内营业收入增长 25%。

当前资源投入与目标达成之间的错配问题，须量化低效环节，明确优化方向，如将"效率低"转化为"C 类任务减少 50% 人力"。

资源分配痛点

提问要素

· **问题表现**：如 60% 的时间用于处理报销流程。
· **影响数据**：如导致新客户签约量减少 15%。
· **主观误区**：如"认为所有任务都重要"应转化为"须验证任务与战略的关联度"。

要求 AI 基于 ABC 分类法生成具体的任务，须指向资源再分配决策，将理论转化为可执行的优先级管理方案。

分类优化需求

提问要素

· **分类标准**：如 A 类任务须贡献 50% 以上利润。
· **资源调整方案**：如为 A 类任务追加 30% 预算。
· **风险评估**：如削减 C 类任务是否影响基础运营。

准备资料

要点	内容
任务清单	当前所有工作事项列表（含耗时、产出、参与人员）。
资源消耗表	人力、预算、时间在各任务上的分配比例。
价值评估数据	各任务对战略目标的贡献度（如销售额、客户满意度、成本节省）。
约束条件	不可调整的刚性任务（如合规流程）、管理层强制要求保留的事项。

实战案例

业务背景 → 我是某电商公司的运营经理，管理一支 10 人团队，负责 200 个 SKU（存货单位）的库存管理、客户售后及活动策划。公司当前战略是"聚焦高毛利爆品，缩减长尾商品"，但团队 60% 的时间用于处理低毛利商品（占 SKU 数量的 70%）的售后问题，爆品库存周转率仅 2 次 / 月（行业标杆为 4 次 / 月），导致仓储成本超出预算的 20%。

资源分配痛点 →

当前的痛点

1. 优先级混乱：低毛利商品 SKU 售后问题占日均工单量的 80%，但贡献利润不足 10%。

2. 资源浪费：爆品缺货时，采购部因忙于处理长尾商品补货，平均响应时间长达 72 小时。

3. 目标偏离：原定每月策划 3 场爆品促销，实际仅完成 1 场，因团队精力被琐碎事务分散。

分类优化需求 →

请用 ABC 管理法帮我

1. 按"毛利贡献 ≥ 30%""售后工单量 ≤ 5%"的标准，将 200 个 SKU 分为 ABC 三类。

2. 设计资源分配方案（如 C 类商品转为第三方代发）。

3. 预测优化后效果，并列出 3 个潜在风险。

注意事项

要点	内容
分类标准合理性	AI 可能过度依赖定量数据，须结合定性因素（如战略重要性）调整分类。
执行可行性	AI 建议的"外包 C 类商品"须评估供应商能力，避免无效转移风险。
动态监控	每月根据销售数据重新划分 ABC 分类，防止爆品降级为 B 类。
团队共识	向成员清晰传达分类逻辑，减少执行阻力。
数据安全	涉及库存和客户信息时，要模糊具体的 SKU 名称。

2.5 追根溯源：用 AI 直击问题核心

问题情景

1 最近产品上线频繁延期，技术团队总说需求变更太多，市场部又抱怨开发进度慢。大家互相指责，问题到底出在哪儿？

2 表面看是部门协作问题，但追根溯源需要拆解流程。例如需求变更的触发条件是什么？是市场调研不充分，还是决策流程冗长？找到根因才可以。

3 我们试过缩短会议时间，但效果有限。

4 缩短会议时间是治标，关键要分析"为什么需要频繁开会"。例如需求文档漏洞百出？或是跨部门信息同步机制失效？只有挖到最底层的"因"，才能设计有效的"果"。

5 如果根因涉及高层决策风格，该怎么办？

6 用数据说话。例如统计过去半年因需求变更导致的返工成本，对比行业标准，用事实推动流程优化，而非直接挑战决策权。

AI 提问框架

通用公式 = 问题全景描述 + 症状拆解 + 根因分析需求

问题全景描述

对问题发生场景、涉及主体、关联流程完整陈述，须包含时间线和关键节点，帮助 AI 构建问题地图，避免遗漏关键环节。

提问要素

- 业务场景：如新产品迭代流程。
- 参与角色：如市场部、技术部、测试组。
- 流程节点：如需求评审、开发、测试、上线。
- 历史数据：如近 3 次项目周期、变更次数。

症状拆解

将表象问题拆解为可量化的子问题，区分直接症状与潜在影响，如将模糊的"团队效率低"转化为可分析的"需求变更导致返工率增至 35%"。

提问要素

- 症状表现：如需求评审会平均耗时 4 小时。
- 关联影响：如开发周期延长 20%。
- 主观归因排除：如"避免技术团队能力不足"改为"须验证需求文档完整性与开发效率的关系"。

根因分析需求

要求 AI 通过逻辑推演或数据挖掘定位问题根源，并提供验证路径，将问题转化为可执行的改进动作。

提问要素

- 分析方法：如 5W2H 分析法、鱼骨图法、相关性分析法。
- 验证要求：如须对比历史数据验证假设。
- 决策支持：如按根因优先级排序解决方案。

准备资料

要点	内容
流程档案	项目流程图、会议记录、审批节点文档等。
量化数据	历史项目周期表、需求变更次数统计、返工成本核算等。
角色反馈	各部门匿名调研结果、客户投诉记录、一线员工访谈摘要等。
对标信息	行业平均交付周期、竞品流程优化案例等。

实战案例

问题全景描述

我是某在线教育公司的产品负责人，管理一支 20 人的团队（产品组 6 人、教研组 5 人、技术组 9 人）。当前主推的 "AI 智能题库" 项目已延期 2 个月，原计划 3 个月上线，现进度仅完成 60%。核心流程为：教研组设计题型→产品组整理需求→技术组开发→联合测试。近三次迭代中，需求变更次数从 5 次增加到 12 次，技术组抱怨 "需求描述模糊"，教研组反诉 "开发功能与教育逻辑不符"。

症状拆解

当前问题

1. 需求冲突：教研组提出的 "动态难度分层" 功能，技术组以 "算法复杂度高" 为由 3 次修改方案。
2. 返工率高：测试阶段 40% 的 BUG（程序错误）源于需求理解偏差，单次修复平均耗时 3 天。
3. 进度滞后：因需求变更，关键节点（如题库架构搭建）比计划延迟 15 天，导致产品组工作停滞。

根因分析需求

请帮我

1. 用 5W2H 分析法定位需求频繁变更的根因。
2. 分析教研组与技术组的沟通记录（附件含会议摘要），识别信息同步断层的关键环节。
3. 提供 3 套解决方案并按实施难度排序：
· 短期：制定需求模板（字段包含教学目标、技术约束等）；
· 中期：设立跨部门 "预评审" 机制，前置风险排查；
· 长期：搭建需求管理平台，实时同步变更信息。

注意事项

要点	内容
数据校准	AI 依赖输入数据，需人工核对统计口径（如 "返工成本" 是否含人力与机会成本）。
归因克制	AI 可能过度依赖线性逻辑，要结合实际情况验证（如 "需求变更多" 未必是根因，可能是流程缺陷的结果）。
渐进验证	优先在小范围试点 AI 建议（如选择一个功能模块试行需求模板），再全面推广。
伦理风险	涉及人员能力评估时，避免直接使用 AI 结论问责，须转化为流程改进机会。

2.6 循环精进：用 AI 制定 PDCA 计划

问题情景

1 团队每次制定计划时雄心勃勃，但执行到一半就偏离方向，复盘时也找不准问题根源，该怎么系统性改进？

2 可以用 PDCA 计划（计划—执行—检查—处理）来管理。它强调闭环迭代，例如先制定可验证的计划（P），执行时同步收集数据（D），定期检查偏差（C），再针对性地调整策略（A）。

3 听起来像常规工作流程，有什么特别价值？例如我们上季度促销活动没达标，复盘会只得出"执行不力"这种空洞结论。

4 PDCA 计划的关键在于"量化验证"。例如促销活动计划（P）须明确"转化率提升 10%"的指标；执行（D）时记录每个环节的数据；检查（C）时对比实际与目标的差距，找到根因；处理（A）时优化页面性能，并将新标准固化到下次的计划中。

5 但市场变化太快，原计划可能三个月就失效了。

6 这正是 PDCA 计划的优势——缩短循环周期。例如将年度计划拆分为季度 PDCA 计划，每月检查一次，遇到外部变化（如竞品降价）时快速启动新循环，避免一条路走到黑。

AI 提问框架

通用公式 = 问题场景 + 执行断点 + 迭代需求

问题场景

描述需要 PDCA 计划改进的具体业务场景，包含目标、现状，明确 PDCA 计划的应用范围，避免对 AI 泛泛而谈。

提问要素

- 业务类型：如产品研发、客户运营。
- 既定目标：如 3 个月内用户留存率提升 8%。
- 当前进展：如上线 2 个月用户留存率仅提升 3%。

执行断点

PDCA 计划中失效的具体环节，须量化关键瓶颈，定位 PDCA 计划失效的根源。

提问要素

- 计划缺陷：如目标不可拆解、资源分配不合理。
- 执行偏差：如实际执行时未按计划收集数据。
- 检查盲区：如复盘仅关注结果，忽略过程指标。

迭代需求

要求 AI 基于 PDCA 计划框架输出的具体改进方案，须包含可落地的闭环设计，将理论模型转化为可操作的改进流程。

提问要素

- 阶段任务：如生成计划阶段的 KPI 拆解模板。
- 验证机制：如设计执行阶段的数据埋点方案。
- 调整建议：如当检查发现目标偏差 ≥ 15% 时，触发 A 阶段的策略重置。

准备资料

要点	内容
目标文档	当前项目计划书、KPI 设定依据及历史完成数据等。
执行记录	任务分派表、进度跟踪表、会议纪要等。
复盘报告	过往问题分析结论、改进措施及效果验证等。
资源清单	可用人力、预算、技术工具明细等。
约束条件	不可调整的底线（如合规要求、管理层硬性指标等）。

实战案例

问题场景

我是某在线教育公司的用户增长负责人，团队当前核心目标是通过"暑期促销活动"在 3 个月内将付费用户数从 10 万人提升至 15 万人。活动已执行 1 个月，新增付费用户仅 2.1 万人（原计划应达 4 万人），且用户 7 日留存率从常态 45% 降至 38%。现有措施包括以下内容。

1. 广告投放：抖音 / 微信朋友圈日均消耗预算 2 万元。
2. 转化链路：用户点击广告→领取试听课→班主任电话跟进。
3. 数据监控：仅跟踪总付费人数，未拆解各环节转化率。

执行断点

当前的问题

1. 计划缺陷：目标未拆解到具体环节（如试听课领取率）。
2. 执行偏差：班主任因工作量超负荷，有 30% 的用户未及时跟进。
3. 检查盲区：未分析留存率下降的原因，复盘会仅归咎于"广告投放不足"。

迭代需求

请用 PDCA 计划框架帮我

1. 计划阶段：拆解"新增 5 万用户"目标至各环节（如广告点击率应达 5%、试听课领取率应为 25%、付费转化率应为 10%）。
2. 执行阶段：设计数据埋点方案（如记录用户从广告点击到付费的全链路时间节点）。
3. 检查阶段：建立每周数据对比机制，识别偏差环节。
4. 处理阶段：针对电话跟进延迟，提供 3 种解决方案。

注意事项

要点	内容
数据颗粒度	AI 生成的 PDCA 计划须匹配团队数据采集能力（如中小团队难以监控分钟级响应）。
循环周期	根据业务节奏设定检查频率（如促销活动按周循环，产品研发按月循环）。
人性化适配	AI 建议的"优化排班"可能忽略员工情绪，须加入缓冲机制（如单日跟进上限为 50 人）。
风险预判	AI 可能低估策略调整的连锁反应（如缩短电话跟进时间可能导致转化率下降）。
知识沉淀	将每个 PDCA 计划的结论归档为团队知识库，供后续循环调用。

第

3

章

AI+安排工作

合理的工作安排是团队高效运转的保障。AI 在工作安排方面展现出了独特的优势，能够帮助管理者解决诸多难题。它可以协助设定 SMART 目标，让工作目标更加明确、可衡量、可实现；通过 WBS 任务分解法，将复杂任务细化成具体可执行的小任务；能生成工作布置文案，让任务传达更加高效清晰；能总结下属工作亮点，为绩效反馈提供依据；能定制反馈成长方案，促进员工成长且评估改进双管齐下，确保工作结果符合预期。本章将详细介绍 AI 在工作安排中的具体应用。

3.1 明确目标：用 AI 设定 SMART 目标

问题情景

1 团队年初定的目标是"提升客户满意度"，但半年过去了，大家还是各干各的，有人觉得多做售后就行，有人拼命推新品，到底怎么统一方向？

2 问题出在目标不够具体。例如"提升客户满意度"可以拆解为 SMART 目标：具体性（Specific），例如"24 小时响应率"；可衡量性（Measurable），例如"客户满意度达到 95%"；可实现性（Achievable），例如"评估资源"；相关性（Relevant），例如"Q3 前完成"。

3 但部门间目标冲突怎么办？例如销售部要冲销量，客服部要压缩成本。

4 SMART 的核心是"对齐"。例如销售目标可以是"Q4 前新客增长 30%（需要客服满意度 ≥ 90% 作为支持）"，这样双方资源分配会自然协同。

5 上级总说目标要有挑战性，但团队觉得压力太大。

6 SMART 的"A"就是平衡点。用历史数据测算：若过去最高增速是 20%，今年定 25% 并匹配激励政策，既能激发潜力，又避免盲目跃进。

AI 提问框架

通用公式 = 目标现状描述 + 问题拆解 +SMART 设定需求

目标现状描述

对当前目标设定方式、执行效果及矛盾点的客观陈述，帮助 AI 理解目标与现实脱节的症结。

提问要素
- **目标表述**：公司战略目标→部门目标→个人 KPI。
- **量化差距**：如当前客户留存率为 70%，目标为 90% 但无增长路径。
- **执行数据**：如目标达成率为 65%，资源超支 20%。

问题拆解

将模糊、冲突或不可行的目标拆解为具体矛盾点，如将"目标不合理"转化为"目标未拆分到可执行层级"。

提问要素
- **冲突表现**：如技术部"降低故障率"与市场部"快速上线"矛盾。
- **归因排除**：避免主观猜测，如将"团队执行力差"改为"目标缺乏阶段性里程碑"。

SMART 设定需求

要求 AI 基于 SMART 原则生成或优化目标，并提供验证逻辑，将口号式目标转化为可追踪、可落地的行动指南。

提问要素
- **优化维度**：如将"提升质量"改为"Q3 前将产品缺陷率从 5% 降至 2%"。
- **对齐要求**：如部门目标须支撑公司年营业收入增长 25%。
- **风险评估**：如目标所需资源是否超出预算上限。

准备资料

要点	内容
目标档案	公司战略规划、部门年度目标、个人绩效考核表等。
执行数据	历史目标达成率、资源消耗记录、关键障碍复盘报告等。
关联信息	行业平均标准（如客户留存率）、竞品目标公开信息（如新品上线周期）等。
约束条件	预算上限、政策限制（如数据合规要求）、团队能力基线等。

实战案例

目标现状描述 → 我是某跨境电商公司的华南区销售总监，管理一支 15 人的团队（线下渠道 8 人、线上运营 7 人）。公司战略要求"全年华南区 GMV 增长 35%"，但当前目标设定仅为"线下增长 20%、线上增长 30%"，且未明确具体路径。实际执行中，线下团队主攻商超渠道（占 GMV 的 60%），但商超账期长达 90 天，导致现金流压力较大；线上团队主要依赖促销（毛利率仅为 15%），且未激活私域流量（5 万粉丝账号月转化率不足 1%）。

当前问题

问题拆解 → 1. 目标冲突：线下目标与现金流矛盾，线上目标与利润矛盾。

2. 资源错配：线下团队 60% 的精力用于追账而非拓客，线上广告费占预算的 40%，但 ROI 仅为 1 : 2。

3. 缺乏分解：GMV 增长目标未拆分到品类（如母婴、家居）和客户层级（新客 / 老客）。

请帮我

SMART 设定需求 → 1. 按 SMART 原则重构目标（如将"线上增长 30%"改为"Q4 前通过私域运营将粉丝转化率提升至 3%，带动母婴品类 GMV 增长 15%"）。

2. 设计目标对齐方案（如线下目标增加"商超渠道账期压缩至 60 天"以支撑现金流）。

3. 输出资源匹配清单（如"增加 1 名私域运营专员""线下团队应收账款培训课时 ≥ 8 小时"）。

注意事项

要点	内容
数据校准	AI 依赖输入数据，须验证目标测算逻辑（如"3% 转化率"是否基于粉丝活跃度）。
动态调整	设置目标进度追踪节点（如每月复盘），利用 AI 实时修正偏差。
人性化平衡	AI 可能忽略"员工接受度"，须结合激励政策（如将目标达成与奖金阶梯挂钩）。
风险预判	AI 建议的目标可能过于理想化，要人工评估突发因素（如供应链中断预案）。

3.2 行动细化：用 AI 做 WBS 任务分解法

问题情景

1 我们团队负责的新产品开发项目总是延期，明明有详细计划，但执行时才发现任务分配不清，成员互相推诿，该怎么解决？

2 这是典型的任务颗粒度问题。用 WBS（工作分解结构）把大目标拆解到最小可执行单元，例如"开发 App"拆成"需求文档撰写""原型设计""接口联调"等，每项任务必须对应负责人、截止时间和验收标准。

3 但拆得太细会不会增加管理成本？之前拆到"模块设计"层级，还是出现模块间依赖冲突。

4 WBS 的核心是"全量且互斥"。例如"模块设计"需要继续拆解为"用户登录模块设计""支付模块设计"等，同时标注模块间的依赖关系。拆解到单人可独立完成的层级，才能避免责任模糊。

5 如果遇到突发需求变更，WBS 会不会僵化？

6 WBS 是动态工具。例如新增"第三方登录功能"时，在原结构中插入子任务，并重新评估优先级和资源分配。关键在于拆解时保留 10%~15% 的缓冲空间，以应对变化。

AI 提问框架

通用公式 = 项目目标 + 分解障碍 + 分解需求

项目目标

明确需要分解的核心任务，包含最终交付成果、时间周期及关键约束条件，为 AI 划定任务分解的边界，避免无效发散。

提问要素

· **交付物描述**：如上线一款跨境电商 App。

· **时间框架**：如 6 个月内完成从立项到上线。

· **资源限制**：如预算 300 万元、现有技术团队 15 人。

分解障碍

团队在任务拆解过程中遇到的具体问题，须转化为可干预的变量，帮助 AI 定位拆解过程中的关键淤堵点，如将"进度延迟"转化为"未识别跨部门协作任务"。

提问要素

· **逻辑盲区**：如不清楚功能模块间的技术依赖关系。

· **协作难点**：如市场部与研发部对需求优先级定义冲突。

· **历史教训**：如过往项目因测试覆盖率不足导致返工。

分解需求

要求 AI 输出具体分解方案类型及细化程度，将抽象目标转化为可执行清单，如从"提升用户体验"拆解出"优化 5 个关键页面的加载速度"。

提问要素

· **分解层级**：如把任务拆解到三级任务。

· **责任绑定**：如每项任务须匹配技能标签与责任人。

· **动态机制**：如当任务延期超 3 天时自动触发预警。

准备资料

要点	内容
项目目标文档	立项报告、需求说明书、交付物验收标准等。
团队能力清单	成员技能矩阵、历史任务执行效率数据等。
风险案例库	过往项目延期或失败的任务拆解复盘记录。
外部参考模板	同类项目的 WBS（工作分解结构）案例。

实战案例

项目目标

我是某智能硬件公司的项目经理，负责一款智能手表的研发项目，需要在 9 个月内完成量产。核心交付物包括：硬件（支持血氧监测、GPS 定位）、配套 App（iOS/Android 双端）、供应链量产方案。现有资源为：硬件团队 8 人、软件团队 6 人、供应链专家 2 人，预算上限 500 万元。

当前问题

1. 模块耦合度高：硬件团队认为"血氧监测精度"依赖软件算法优化，但算法开发排期未与硬件测试同步。

2. 资源冲突：供应链专家同时负责 3 个项目，关键任务（如元器件选型）可能被延迟。

3. 验收标准模糊：管理层要求"用户体验优于竞品"，但未定义具体指标（如 App 启动速度、血氧数据误差范围）。

分解障碍

请用 WBS 方法帮我

1. 将项目拆解为三级任务（如一级任务"硬件开发"→二级任务"传感器模块"→三级任务"血氧传感器精度校准"），并标注任务间的依赖关系。

2. 根据团队技能匹配责任人。

3. 识别高风险任务（如元器件采购周期超过 4 周），并设计备选方案（如预选 2 家供应商）。

4. 输出可视化甘特图模板，包含里程碑节点（如第 3 个月完成原型机测试）。

分解需求

注意事项

要点	内容
数据校准	AI 依赖输入的任务数据，要人工验证拆解逻辑（如"硬件测试"是否遗漏极端环境场景）。
任务颗粒度	避免过度拆解（如将"撰写邮件"列为独立任务），建议以"单人 2 天内可完成"为最小单元。
敏捷调整	AI 生成的 WBS 须预留 10% 灵活时间，用于应对需求变更或资源波动。
人性化适配	AI 推荐的任务分配可能不符合成员职业规划（如让擅长编码的工程师负责文档撰写），需要管理者二次调整。

3.3 高效传达：用 AI 生成工作布置文案

问题情景

1 最近布置新项目时，团队成员总反馈"听不懂任务要求"，例如市场部把"提升品牌曝光"理解为多发朋友圈海报，但实际上我们需要的是行业媒体深度合作，怎么解决这种偏差？

2 问题出在任务传达的结构上。高效的工作布置文案要包含四大要素：背景目的、具体要求、验收标准、资源支持。

3 但任务细节太多，写得太长反而没人看。例如上次写了一份 5 页的项目说明，结果研发团队只看了第一段。

4 关键是用结构化模板。例如分板块撰写：①一句话目标（如"7 月上线智能客服系统"）；②关键动作（分条目列出"对接 API 接口""培训客服团队"）；③数据指标（如"系统响应速度 ≤ 2 秒"）。

5 不同岗位理解力差异大，销售人员觉得"技术人员术语太多"，技术人员又嫌"销售人员描述太模糊"。

6 这就需要分版本表达。例如给技术部的版本用技术参数，给销售部的版本则强调客户价值，但核心目标和截止日期保持一致。

AI 提问框架

通用公式 = 任务背景 + 传达难点 + 文案生成需求

任务背景

描述需传达任务的性质、目标及涉及对象，明确任务的复杂性和重要性，帮助 AI 判断文案的正式程度、技术深度和情感基调。

提问要素
- 任务类型：如常规运营、紧急项目、跨部门协作。
- 利益相关方：如执行团队、协作部门、管理层。
- 战略关联：如支撑年度客户留存率目标。

传达难点

说明当前传达方式导致的问题或潜在风险，需具体到信息损耗环节，定位需要 AI 重点优化的表达模块（如复杂流程可视化）。

提问要素
- 认知偏差案例：如 80% 的成员错误理解"用户增长"指标。
- 信息衰减数据：如邮件传达执行率仅 40%，当面沟通达 75%。
- 特殊障碍：如远程团队时差、跨专业术语壁垒。

文案生成需求

要求 AI 输出的具体文案功能及形式，需符合团队执行习惯，如将模糊的"更好传达"转化为可执行的文案设计指令。

提问要素
- 内容维度：如任务分解层级、数据指标颗粒度。
- 呈现形式：如甘特图 + 文字说明、检查清单 + 视频教程链接。
- 多版本要求：如管理层汇报版、执行团队操作版。

准备资料

要点	内容
任务历史档案	过往工作布置文档、执行结果偏差分析报告等。
团队认知画像	成员职责说明书、常见沟通误区记录成员联系方式。
沟通渠道数据	现有传达方式的效果统计（如企业微信阅读率、邮件回复率）。
成功案例参考	内部 / 外部高效传达案例（如某项目通过可视化流程图将执行效率提升 30%）。

实战案例

任务背景

我是某智能家居公司的产品运营总监，要向跨部门团队（硬件工程师 5 人、软件研发 7 人、市场推广 3 人）布置"9 月上线新一代智能门锁"任务。核心目标包括：①硬件端实现指纹误识率 ≤ 0.001%；②软件端接入公司 IoT 平台并完成压力测试；③市场端在北上广深举办 10 场线下体验会。公司要求此项目必须与"双十一促销"联动，且管理层要求每周汇报进度。

传达难点

当前的难点

1. 信息错位：硬件团队上次将"误识率达标"理解为实验室数据，但实际需兼容极端环境（−15℃~50℃）。
2. 协作断层：软件团队未同步硬件开发排期，导致 API 接口延迟。
3. 资源冲突：市场部计划使用的门锁 Demo（演示）机数量与研发测试需求重叠。
4. 表达方式不适配：给工程师的邮件中提及"提升用户体验"但未给出具体参数指引。

文案生成需求

请你协助我生成

1. 主任务文档：用三层结构表达（战略层：说明与双十一 GMV 目标的关联；执行层：分部门拆解子任务；数据层：定义各环节验收指标）。
2. 可视化附件：硬件 - 软件联调甘特图（标注跨部门依赖节点）、线下体验会选址逻辑脑图（含人流密度、竞品门店距离等数据）。
3. 常见问题手册：预判各部门可能疑问，并提供对接人联系方式。
4. 多版本摘要：200 字管理层汇报版（强调风险管控与 ROI、500 字执行团队版）。

注意事项

要点	内容
信息准确性核验	AI 可能混淆专业术语，需人工核对关键参数（如将"误识率"误写为"拒真率"）。
个性化适配	避免直接套用通用模板，需结合企业沟通习惯。
反馈机制嵌入	在 AI 生成的文案中预留反馈入口（如文档末尾添加"疑问收集二维码"）。
多模态平衡	图文占比根据团队特性调整（如研发团队附图比例 ≥ 40%，销售团队侧重说话的技巧清单）。

3.4　汇报精炼：用 AI 总结下属工作亮点

问题情景

1 每次季度汇报会，下属提交的总结报告动辄二三十页，但核心成果和问题都被淹没在细节里。管理层总批评"重点不突出"，团队也抱怨"功劳被稀释"，该怎么解决？

2 这是因为缺乏结构化提炼。汇报的核心是让上级快速看到价值点，例如将报告拆解为"目标完成度""关键突破""待优化项"三个板块，再用数据 + 案例支撑，控制篇幅就可以了。

3 但有些成员贡献是隐性的，例如跨部门协调，这类工作很难量化。

4 这需要管理者介入。例如将"协调"拆解为"推动 3 次资源对接会议"和"解决 2 个技术卡点"，并关联到项目进度，如提前 5 天。用具体动作和成果替代模糊描述。

5 有些员工不擅长表达，强行要求他们提炼会不会打击积极性？

6 提炼亮点不是"美化"，而是"客观还原"。例如某成员反复测试优化代码使系统崩溃率下降 40%，但自己只写了"完成开发任务"。管理者需要帮其定位到"技术攻坚价值"。

AI 提问框架

通用公式 = 汇报现状 + 提炼难点 + 提炼需求

汇报现状 → 描述当前汇报形式、内容结构及存在的问题，帮助 AI 理解原始材料的组织方式和缺陷。

提问要素
- **汇报形式：**如周报 / 月报、PPT/ 文档。
- **内容特点：**如文字冗长、数据堆砌、案例缺失。
- **信息源：**如 KPI 数据、项目日志、客户反馈。

提炼难点 → 明确从原始汇报中提取亮点时遇到的具体障碍，如将"汇报质量差"转化为可干预的问题。

提问要素
- **信息过载：**如单份报告含 50 项任务，仅 3 项为核心成果。
- **价值模糊：**如无法区分常规工作与超额贡献。
- **标准缺失：**如缺乏统一的亮点评估维度。

提炼需求 → 要求 AI 输出具体提炼方案及交付形式，将"杂乱信息"转化为"决策可用结论"，如从 100 条任务中提取 5 个战略级亮点。

提问要素
- **聚焦维度：**如技术创新、成本优化、客户价值。
- **呈现逻辑：**如按战略贡献—执行难度—复用价值排序。
- **格式要求：**如 1 页总结模板、3 分钟汇报技巧。

准备资料

要点	内容
原始汇报材料	员工提交的周报、月报、项目总结文档等。
绩效评估数据	KPI 完成率、360 度反馈、客户评分等。
业务关联信息	团队目标对齐表、公司战略重点说明等。
历史标杆案例	过往被认可的优质汇报案例及提炼逻辑。
管理者偏好	上级关注的优先级（如"成本控制优于速度"）。

实战案例

汇报现状

我是某电商公司的运营总监，管理一支 10 人的团队（用户增长组 4 人、活动策划组 3 人、数据分析组 3 人）。团队平均每周提交的汇报文档 15 页，包含活动落地、数据监控、用户调研等 30 余项任务，但管理层反馈"看不到核心价值"。

提炼难点

当前的问题

1. 信息过载：汇报中 70% 的内容为执行细节，关键成果被弱化。
2. 标准混乱：不同成员对"亮点"的定义不一致（如技术人员认为"代码优化"是重点，业务人员更关注"转化率提升"）。
3. 关联缺失：未将个人贡献与公司季度目标"提升复购率"直接挂钩。

提炼需求

请协助我

1. 设计一套"亮点提炼框架"，包含三级维度（如一级维度"战略贡献度"→二级维度"创新性 / 难度"→三级维度"具体指标"）。
2. 从最近 3 个月的汇报中，提取每个成员 1~2 个核心亮点（如"策划小王：主导会员日活动，使复购率环比提升 8%"）。
3. 生成可视化模板：一页纸总结（含数据对比图）、3 分钟口述重点（用于向上汇报）。

注意事项

要点	内容
数据脱敏	员工原始汇报中涉及敏感信息应模糊处理。
结果验证	AI 提取的亮点要反向核对绩效数据。
个性化适配	根据成员特质调整说话的技巧。
动态更新	每季度迭代提炼维度，匹配业务重心变化。
文化兼容	避免过度强调"竞争排名"，应保留团队协作类亮点。

3.5 绩效提升：用 AI 制定反馈成长方案

问题情景

1 团队近期的 KPI 达标率持续下滑，明明给了绩效反馈，但员工改进效果不明显，甚至有人私下抱怨"不知道往哪儿努力"，该怎么解决？

2 问题出在反馈的颗粒度和关联性上。有效的绩效反馈要包含三个要素：具体行为数据、改进方向、成长资源支持。泛泛的"提升专业性"只会让员工困惑。

3 但每个员工的问题不同，例如销售部的小王沟通能力强但数据敏感度低，研发部老李技术过硬却总是拖延进度，这种个性化问题怎么系统化解决？

4 需要建立"目标—能力—行动"的三级反馈模型。例如针对小王，目标设定为"季度客单价提升 10%"，要补足的数据能力拆解为"掌握客户画像分析工具"，并配套安排数据分析培训；而老李则需要明确"版本交付准时率 ≥ 95%"，并引入敏捷开发协作工具。

5 有些员工对负面反馈很抵触，上次指出问题后反而更消极了。

6 反馈必须遵循"成长性沟通"原则。例如将"你的代码漏洞多"转化为"当前代码质量影响项目进度，建议通过代码评审机制每月减少 20% 的返工率"，同时提供代码规范文档等。

AI 提问框架

通用公式 = 绩效现状 + 反馈障碍 + 成长需求

绩效现状

描述团队或个人当前的绩效表现，包含量化结果及关键行为特征，为 AI 提供分析基准，避免脱离实际制定方案。

提问要素

· 绩效数据：如 Q2 销售达标率应达 72%。
· 能力画像：如团队 Excel 高阶函数使用率不足 30%。
· 历史对比：如较去年同期客户满意度下降 8%。

反馈障碍

说明现有反馈机制失效的具体环节及影响，定位需要 AI 突破的关键堵点，如将"员工不行动"转化为"目标与个人发展路径不匹配"。

提问要素

· 反馈盲区：如 60% 的员工认为反馈未指出具体改进动作。
· 执行阻力：如制定的学习计划与业务高峰期冲突。
· 情绪阻抗：如负面反馈导致 3 名核心员工离职意向上升。

成长需求

明确期望 AI 输出的成长方案类型及落地要求，能将抽象的"提升绩效"转化为可执行的 AI 任务，如从"加强沟通能力"拆解出"每周完成 3 次客户沟通录音分析"。

提问要素

· 改进维度：如技能提升、流程优化、心态调整。
· 资源约束：如每周最多占用 2 小时培训时间。
· 验收指标：如 3 个月内客户投诉率下降至 3%。

准备资料

要点	内容
绩效档案	近 6~12 个月 KPI 数据、360 度评估报告、奖惩记录等。
能力评估	岗位胜任力模型、技能测试结果（如销售技巧评分）。
员工画像	职业发展意向调研、学习模式偏好记录（如偏好线上还是线下）。
资源清单	可用培训预算、内部导师名单、外部合作机构目录等。
行业对标	同岗位优秀员工的绩效数据。

实战案例

绩效现状 →
我是某跨境电商公司的运营总监，管理一支 15 人的团队（选品组 4 人、流量组 5 人、客服组 6 人）。核心问题包括：①选品组新品成功率从 35% 降至 22%，滞销库存占比升至 18%；②客服组响应速度达标（≤1 分钟），但客诉解决率仅 68%（竞品达 85%）；③流量组 ROI 从 1:5 下滑至 1:3.8。

反馈障碍 →
当前的问题
1. 目标偏差：选品组沿用"爆款复制"策略，但未察觉目标客群从 Z 世代转向银发族。
2. 能力断层：客服组仅接受标准回复培训，缺乏突发客诉应对技巧（如跨境物流纠纷）。
3. 激励失效：流量组绩效奖金与点击量挂钩，导致盲目堆素材而忽视精准投放。
4. 反馈延迟：当前月度复盘机制无法捕捉快速变化的市场趋势。

成长需求 →
请协助我
1. 基于上述数据，为每个岗位制定成长方案：
· 选品组须提升客群洞察能力，要求方案含学习路径、实践任务；
· 客服组须强化复杂问题处理能力，如设计"客诉情景模拟题库"；
· 流量组优化投放策略，由 AI 推荐 ROI 监控模型。
2. 设计反馈跟进机制：包括每周数据看板、双周 1 对 1 辅导要点清单。
3. 评估资源投入：测算培训成本、预估绩效提升周期。

注意事项

要点	内容
数据真实性核验	AI 可能误读绩效数据关联性（如将"客诉率上升"归因于客服能力而忽略产品质量问题），要人工交叉验证。
个性化适配	避免直接套用通用方案，要结合员工职业阶段（如新人重技能、老员工重创新）。
情绪管理	AI 生成的沟通技巧可能过于机械化，应补充同理心表达框架。
动态调整	市场变化可能导致方案失效，应设置季度复盘触发机制。
长线视角	AI 可能侧重短期指标提升，需手动加入长期能力规划。

3.6　结果导向：用 AI 评估改进双管齐下

问题情景

① 最近团队在项目复盘时，总是陷入"互相甩锅"的僵局。例如产品上线延期，研发说需求变更太多，产品说测试资源不足，该怎么科学评估责任归属？

② 问题根源在于评估标准模糊。有效评估需要三个基准：①事前共识；②过程数据留痕；③结果对标。

③ 但有些主观因素难以量化，例如设计师的创意价值，这类贡献如何评估？

④ 评估体系要分层。硬性指标（如交付准时率）占 70%，软性指标（如创新性）占 30%。例如设计师的创意可拆解为"提案采纳率""用户测试满意度"，避免纯感性评价。

⑤ 发现问题后，改进方案落地困难。例如发现测试覆盖率低，但增加人力又会导致成本超支。

⑥ 改进必须与资源挂钩。例如通过根因分析，发现测试问题的原因是某种设计缺陷，可针对性引入自动化脚本生成工具，ROI 测算显示：初期投入 15 人 / 天，长期节省 200 小时 / 月。

AI 提问框架

通用公式 = 评估现状 + 改进障碍 + 双轨需求

评估现状

描述当前评估体系的构成、数据来源及漏洞，帮助 AI 定位评估盲区，如发现客户满意度数据缺失。

提问要素

· 评估维度：如质量、效率、成本。

· 数据采集方式：如系统日志、人工填报。

· 冲突焦点：如销售认为转化率是核心，研发坚持稳定性优先。

改进障碍

说明从评估到改进过程中遇到的具体阻力，将"改进难"拆解为可干预做法，如须论证自动化工具对 ROI 的提升幅度。

提问要素

· 资源限制：如预算、人力、时间。

· 优先级冲突：如"提升交付速度"与"降低故障率"难以兼得。

· 执行惯性：如成员抗拒新流程。

双轨需求

要求 AI 同时输出评估结论与改进方案，并将两者建立关联性，确保"发现问题—解决问题"闭环。

提问要素

· 评估深度：如根因分析、趋势预测。

· 改进颗粒度：如部门级策略、个人行动清单。

· 验证机制：如 A/B 测试、模拟推演。

准备资料

要点	内容
绩效档案	历史 KPI 数据、项目验收报告、客户投诉记录等。
过程记录	会议纪要、任务管理系统日志、协作工具沟通记录等。
资源清单	可用预算、技术工具权限、外部合作方能力说明等。
改进案例	过往成功 / 失败的改进方案及复盘结论。
战略对齐表	公司季度目标、部门核心考核指标等。

实战案例

评估现状

我是某在线教育公司的用户增长负责人，管理一支 8 人团队（渠道运营 3 人、内容生产 2 人、数据分析 3 人）。当前采用"新增用户数""付费转化率""7 日留存率"三大指标评估业绩，但存在以下问题。

1. 渠道运营部通过低价促销拉新，导致用户付费意愿下降（客单价从 180 元降至 120 元）。

2. 内容生产部追求爆款选题，但课程完课率仅有 35%（行业平均水平为 50%）。

3. 数据分析部报告显示"用户流失高峰在注册后第 3 天"，但未给出可落地的解决方案。

改进障碍

当前的问题

1. 指标割裂：渠道运营为完成拉新 KPI 牺牲质量，与其他部门目标存在冲突。

2. 数据断层：内容效果评估依赖主观评分，缺乏行为埋点数据。

3. 资源受限：市场预算缩减 30%，无法继续补贴获客。

4. 技术瓶颈：现有系统无法实时监控用户生命周期行为。

双轨需求

请协助我

1. 重构评估体系：在现有指标基础上，增加"用户质量系数"（结合付费意愿、学习时长等）。

2. 根因分析：用归因模型定位内容完课率低的前 3 个因素。

3. 设计低成本改进方案：分别包括短期（1 个月）、中期（3 个月）和长期（6 个月）3 个版本。

注意事项

要点	内容
指标平衡	避免 AI 过度优化单一指标，须设置权重约束。
可行性过滤	AI 建议可能超出权限范围（如跨部门系统对接），须标注"需上级审批"类方案。
渐进验证	优先实施投资回报价值更高的改进项，通过小范围试点收集反馈。
动态校准	每季度更新评估模型，例如根据市场变化调整"用户质量系数"算法。

第 4 章

AI+沟通协调

沟通协调是团队管理中不可或缺的一部分，良好的沟通能提升团队凝聚力和工作效率。AI 在沟通协调方面发挥着重要作用，它可以打造员工谈话提纲，让管理者与员工的对话更有针对性；总结与员工谈话的精髓，快速抓住关键信息；编写回应员工的文案，使回话更加得体恰当；在变动沟通中，AI 能助力沟通无阻；在处理冲突或对抗时，能提供有效的解决方案；还能总结合理化建议，汇聚团队智慧。接下来，让我们一起了解 AI 如何优化团队的沟通协调。

4.1 对话有方：用 AI 打造员工谈话提纲

问题情景

1 最近和团队成员的沟通越来越吃力，要么谈话跑题，要么员工避重就轻。例如上周找小刘谈项目延误原因，他全程在解释客观原因，最后问题还是没解决。这种低效对话该怎么办？

2 问题出在谈话缺乏结构化框架。有效的员工谈话需要围绕"事实—影响—行动"三步展开：先明确具体事件（如"项目延期 7 天"），再分析对团队目标的影响（如"导致客户续约率下降"），最后共同制定改进计划（如"每日晨会同步进度"）。

3 但有些问题需要引导员工自己反思。例如小王的协作意识差，直接指出怕引发对抗。

4 这时候要用"提问式引导"。例如问："你认为跨部门沟通中最耗时的环节是什么？""如果由你主导，会如何优化流程？"通过问题激发主动性，比直接批评更有效。

5 有些员工对职业发展迷茫，谈话容易变成空谈理想，该怎么办？

6 将模糊诉求转化为具体路径。例如员工说"想提升专业能力"，可拆解为"未来半年完成 3 个认证考试""主导 1 个跨部门项目"，并匹配学习资源和实践机会。

AI 提问框架

通用公式 = 谈话场景 + 核心障碍 + 提纲需求

谈话场景 → 描述谈话发生的具体情境、对象及核心议题，帮助 AI 定位谈话场景的特殊性，如新人辅导应侧重技能、老员工谈话要关注动机。

提问要素
- **谈话类型**：如绩效反馈、职业规划、冲突调解。
- **对象特征**：如入职 3 个月的新人，高绩效但协作差的老员工。
- **背景事件**：如连续 2 个季度业绩未达标，跨部门投诉激增。

核心障碍 → 说明当前谈话难以推进的关键难点，将"沟通不畅"转化为可干预的问题，如设计非对抗性提问清单。

提问要素
- **信息不对称**：如员工隐瞒真实离职意向。
- **情绪阻力**：如员工对负面反馈产生防御心理。
- **目标模糊**：如职业发展诉求过于空泛。

提纲需求 → 要求 AI 输出具体谈话框架及工具，将"谈话准备"转化为可执行的 AI 任务，如从"员工消极怠工"转化为包含"数据举证 + 激励方案 + 检查节点"的完整提纲。

提问要素
- **结构设计**：如开场破冰—问题定位—方案共识—跟进机制。
- **表达建议**：如如何委婉指出态度问题。
- **辅助工具**：如职业兴趣测评量表，项目复盘模板。

准备资料

要点	内容
员工档案	岗位职责、绩效数据、奖惩记录、过往谈话纪要等。
问题事件	具体冲突描述（如项目延误时间线等）。
团队目标	当前季度 KPI、战略重点（如提升客户留存率）等。
员工反馈	匿名调研结果、360 度评估报告等。
资源清单	可调用的培训课程、激励政策、工具权限等。

实战案例

谈话场景

我是某互联网公司的产品总监，下周要与核心产品经理小李进行季度绩效谈话，背景如下。

1. 小李负责的 A 产品迭代延期为 2 周，导致 Q3 营业收入减少 120 万元。

2. 技术团队反馈其需求文档漏洞率上升 30%，但小李认为"是技术人员理解能力不足"。

3. 其个人发展诉求为"希望承担更有战略性的工作"，但他当前执行质量不达标。

核心障碍

当前的问题

1. 事实分歧：小李将问题归咎于外部因素（技术、资源），拒绝承认自身问题。

2. 目标冲突：其职业诉求与当前能力不匹配，直接否定可能引发离职风险。

3. 情绪管理：小李曾因负面反馈当场摔门离开，须避免激化矛盾。

提纲需求

请协助我生成谈话提纲

1. 设计"事实对齐"环节：用数据可视化对比需求文档漏洞率变化、延期导致的营业收入的损失。

2. 嵌入引导式提问模板：如"你认为技术团队最常误解的需求点是什么？""如果重做这次迭代，哪些环节可以优化？"

3. 制定"能力—目标"匹配方案：如若下季度需求文档漏洞率降至 5%，可参与战略级项目预研。

4. 提供情绪疏导策略：谈话中插入"优势肯定"。

注意事项

要点	内容
事实核查	AI 可能误读数据关联性（如将营业收入下降完全归因于个人），要人工复核因果逻辑。
文化适配	AI 生成的表达方式可能不符合企业沟通风格（如外企相对直白，国企相对委婉），要二次调整。
备选预案	针对"员工激烈反驳""沉默对抗"等场景，提前准备 2~3 种应对策略。
法律合规	涉及绩效改进计划的谈话，要确保 AI 建议符合劳动法规定。

4.2 要点提炼：用 AI 总结与员工谈话的精髓

问题情景

1 最近和团队一对一谈话，每次聊完都记了十几页笔记，但整理时发现关键信息散落各处，甚至有些诉求前后矛盾。该怎么高效提炼核心要点？

2 问题在于缺乏结构化框架。有效提炼需要三个层次：①区分事实（如连续三周加班到 10 点）与情绪（如感觉不被重视）；②识别诉求类型（如资源支持、流程优化、职业发展）；③标记优先级（如紧急、重要、长期）。

3 但有些员工表达隐晦，例如技术骨干说"想尝试新方向"，这到底是要转岗还是想创新？

4 需要结合各种线索，例如他过去半年主导的项目类型、绩效评分分布，甚至会议发言记录等。若他的核心项目被叫停，可能指向创新受阻；若长期负责单一模块，则可能是发展诉求。

5 跨部门协同会议上，大家讨论激烈但结论模糊，如何避免遗漏关键决策？

6 实时提炼"决策点—责任人—时间轴"。如将"市场部承诺提供用户画像"转化为具体行动项：交付内容（标签体系）、对接人（王某）、截止日期（某月某日），并同步书面确认。

AI 提问框架

通用公式 = 谈话场景 + 信息痛点 + 提炼目标

谈话场景

描述谈话发生的具体情境及参与方特征，帮助 AI 识别语境特征。例如离职访谈须重点关注情绪信号，而项目复盘须提取流程卡点。

提问要素

- 谈话类型：如绩效面谈、离职挽留、头脑风暴会议。
- 参与角色：如新员工、资深骨干、跨部门成员。
- 沟通形式：如线上聊天、线下笔记。

信息痛点

说明当前信息处理中的具体障碍及潜在风险，定位需要 AI 破解的难点，如将"员工抱怨沟通不畅"拆解为"需求文档迭代版本超过 5 次"。

提问要素

- 信息冗余度：如 2 小时会议仅有 20% 的有效内容。
- 语义模糊点：如尽快解决缺乏时间量化。
- 矛盾冲突项：如 A 主张增员，B 建议自动化。

提炼目标

明确希望 AI 输出的结构化成果及使用场景，将原始对话转化为管理工具。

提问要素

- 内容维度：如诉求分类、决策清单、风险预警。
- 呈现形式：如表格、思维导图、摘要报告。
- 应用场景：如薪酬调整依据、培训计划制定。

准备资料

要点	内容
原始记录	谈话录音 / 文字稿、会议纪要、即时通讯记录（须脱敏）等。
员工档案	岗位说明书、绩效考核历史、项目参与记录等。
业务背景	当前团队目标、重大事件时间线等。
管理工具	现有沟通模板（如一对一问题清单）、历史决策记录等。
战略文档	公司文化价值观说明、年度人才发展计划。

实战案例

谈话场景 → 我是某跨境电商公司的研发总监，管理 30 人技术团队（前端 12 人、后端 10 人、测试 8 人）。近期进行季度绩效面谈，共完成 28 场一对一沟通（每场 60~90 分钟），形式为线上会议自动转录文字。团队分布在中国、印度、德国三地，存在时差和文化表达差异。

当前的问题

1. 信息分散：同一问题在多场谈话中出现，但表述方式不同（如德国员工强调"流程规范"，印度员工抱怨"沟通延迟"）。

信息痛点 → 2. 语义歧义：5 名骨干提到"技术债务"，应区分是架构缺陷还是工具不足。

3. 情绪盲区：2 名中国员工委婉表达离职倾向，但未在原始记录中显性标记。

4. 行动缺失：跨时区会议讨论的 10 项改进建议，仅 3 项明确责任人与时间节点。

请协助我

1. 分类统计高频问题：按技术、流程、发展三大维度聚类。

2. 识别潜在风险：通过情绪词分析定位 3 名高离职风险人员。

3. 生成决策看板：

提炼目标 →
- 短期行动（1 个月内），针对最重要的 3 项共性问题，输出解决方案矩阵；
- 长期规划，根据 15 人提到的"技术视野受限"，设计海外技术大会参与计划（预算、名额分配）；
- 输出可视化报告，用图表展示问题分布、风险等级、资源需求，供管理层汇报使用。

注意事项

要点	内容
数据脱敏	员工姓名、薪资等敏感信息要替换为编号，聊天记录中的内部项目代号要加密。
模型偏差	AI 可能误判文化差异，需要人工校准关键词库。
上下文补充	单独对话片段可能断章取义（如"想转岗"实则为玩笑），须关联较长时间（如 3 个月）沟通记录交叉验证。
多模态处理	录音中的语气停顿、笑声等非文字信息，须标注情绪强度辅助判断。

4.3 回话艺术：用 AI 编写回应员工的文案

问题情景

1 最近有员工在周会上公开抱怨公司的加班政策，我当场没想好怎么回应，后来团队士气明显下滑。这种敏感问题该怎么回应，才能平衡员工情绪和公司制度？

2 回应敏感问题的核心是"同理心＋原则"。先承认员工的感受（例如"我理解大家对工作强度的担忧"），再解释政策背景（例如"项目紧急期需要阶段性冲刺"），最后提供解决方案（例如"下月调休补偿机制"）。

3 有些员工提出不合理诉求，例如新人要求直接参与核心项目，该怎么拒绝又不打击积极性？

4 用"条件式回应"设定边界。例如，"你的主动性值得肯定，目前核心项目对经验要求较高。建议你先完成 A 级任务并达成 90% 验收率，届时我们会优先评估你的参与资格"。

5 还有的员工通过邮件质疑绩效考核结果，该怎么用邮件回复以避免后续纠纷？

6 用邮件回应遵循"数据＋流程＋开放"的原则。例如"根据 Q2 数据，你的客户转化率低于团队均值 15%（附报表）；考核流程已通过三次校准会议（附纪要）；欢迎本周三14:00 与我当面核对细节"。

AI 提问框架

通用公式 = 沟通背景 + 回应难点 + 文案需求

沟通背景

描述员工诉求产生的具体场景、对象及诉求内容，帮助 AI 识别语境差异。如邮件要正式严谨，面谈要兼顾非语言信息。

提问要素

- ·**诉求类型**：如薪资谈判、晋升申请、负面反馈。
- ·**沟通渠道**：如邮件、面谈、全员会议。
- ·**关联事件**：如因项目延期引发抱怨、绩效考核争议。

回应难点

说明管理者在回应时需要解决的核心矛盾，将模糊的"沟通难题"转化为可操作的 AI 任务，如在拒绝调岗时保持员工的积极性。

提问要素

- ·**情绪冲突**：如员工愤怒、焦虑。
- ·**利益矛盾**：如加薪需求与预算限制。
- ·**风险规避**：如避免法律纠纷或舆情扩散。

文案需求

明确需要 AI 生成的回应文案类型及具体要求，确保 AI 输出结果可直接应用，如生成"包含三步解释 + 两个解决方案"的邮件模板。

提问要素

- ·**文案形式**：如邮件模板、面谈要点、公告文案。
- ·**核心原则**：如维护公司权威性，体现个体关怀。
- ·**附加要素**：如引用绩效数据，加入职业发展建议。

准备资料

要点	内容
员工信息	岗位职责、历史绩效、过往沟通记录等。
诉求原文	员工提出的原始文字或沟通录音摘要等。
管理政策	相关制度文件（如考勤制度、晋升标准等）。
文化适配	企业价值观、内部沟通风格（如扁平化、层级化）等。
外部参考	行业常见回应案例、法律风险提示（如劳动法条款）等。

实战案例

沟通背景 →
我是某电商公司的客服团队主管，要回复一名资深客服的加薪申请邮件。该员工的主要诉求如下。
1. 个人业绩连续 6 个月排名团队前 10%，但薪资两年未涨。
2. 威胁"不调薪将考虑外部机会"。
3. 要求月薪增加 20% 或晋升为组长。
4. 公司现状：今年整体调薪预算冻结，组长岗位暂无空缺。

回应难点 →
当前的难点
1. 平衡认可与拒绝：应肯定其贡献，但无法满足其主要诉求。
2. 保留核心员工：避免其因失望而离职。
3. 法律合规：要规避"变相承诺"的风险。

文案需求 →
请生成一封邮件模板
1. 结构采用"感谢贡献—现状解释—替代方案"形式。
· 引用其接待量、满意度等数据（附：20×× 年数据表）；
· 说明公司预算冻结的原因（参考：财报净利润下降 30%）。
2. 提供替代激励方案。
· 短期：批准其参加收费课程"金牌客服实战营"（预算内）；
· 长期：承诺下一年度 Q1 优先评估其晋升资格（符合公司制度）；
· 结尾强调重视的态度："已申请将你纳入储备干部计划，本周五 15:00 可详谈。"

注意事项

要点	内容
文化适配	根据企业风格调整语气（如国企用"经公司研究决定"，创业公司用"咱们团队"）。
情感补充	AI 文案可能过于理性，需要人工加入"你的意见对我们很重要"等情感表达。
法律验证	涉及制度、承诺的表述要经法务审核（如优先评估 ≠ 保证晋升）。
反馈迭代	收集员工对 AI 生成文案的接受度，优化模型（如员工认为替代方案不够时，应增加弹性福利选项）。

4.4 平稳变化：用 AI 助力变动沟通无阻

问题情景

1 最近公司业务调整，需要把 5 名研发骨干转岗到新成立的 AI 项目组，但员工抵触情绪强烈，有人甚至提出离职。怎样才能让他们接受变动？

2 变革管理的关键是建立"利益—情感"双通道。先说利益：用数据证明 AI 项目的技术红利（如薪酬提升空间、技能稀缺性）；再谈情感：让原团队领导参与沟通，强调"你们是公司技术转型的先锋"。

3 有位老员工拒绝转岗，坚持留在原部门，但他的技能确实更适合新项目，怎么破局？

4 挖掘他的核心诉求。例如他可能担心失去资深地位，可设计"双线发展路径"：允许他兼任原部门的技术顾问，同时在新项目组获得"首席 AI 工程师"的头衔，并承诺资源支持他培养新人。

5 跨部门调动的员工抱怨新工作流程混乱，效率反而不如以前，怎么办？

6 变动初期要提供"软着陆"支持。例如安排原同事结对辅导、制作新流程速查卡（标注关键审批人、截止时间）、设立两周一次的问题反馈会，用快速响应消除不确定性。

AI 提问框架

通用公式 = 变动背景 + 员工阻力 + 沟通需求

变动背景

描述工作调整的触发因素、调整的内容及影响范围，帮助 AI 理解变动的必要性与合理性，如将"裁员"转化为"聚焦高毛利业务的结构性优化"。

提问要素

·**变动类型**：如组织架构重组、技术栈迁移、跨地域调动。
·**调整对象**：如入职 3 年内的产品经理。
·**战略关联**：如为元宇宙业务储备人才。

员工阻力

说明员工对调整产生抵触的原因及已出现的负面迹象，将"员工不满"转化为"可干预的变量"。

提问要素

·**显性表现**：如公开反对、效率下降、请假激增。
·**潜在诱因**：如技能断层焦虑、人际关系断裂、晋升通道变更。
·**影响数据**：如转岗员工周均产出下降 40%。

沟通需求

要求 AI 提供的沟通策略及配套支持方案，将"说服员工"转化为分阶段任务，如生成"30-60-90 天沟通计划"和配套表述库。

提问要素

·**信息层级**：如公司战略解读、个人发展利弊、团队协作方案。
·**沟通工具**：如 FAQ（常见问题解答）文档、过渡期绩效算法、心理疏导资源。
·**风险预案**：如竞业协议激活条件、知识转移清单。

准备资料

要点	内容
组织架构图	调整前后的部门 / 岗位变化。
员工档案	受影响人员的技能矩阵、绩效历史、职业规划访谈记录等。
业务调整说明	董事会决议文件、新业务 ROI 测算报告等。
沟通历史记录	已发生的员工投诉内容、离职面谈摘要等。
资源清单	可调用的培训预算、弹性工作制度、荣誉激励权限等。

实战案例

变动背景

我是某智能硬件公司的研发副总裁，因公司战略转向 AIoT（人工智能物联网），需要在 2 个月内将深圳硬件团队的 30 人分拆重组。

1. 15 人转入新成立的 AI 算法部，主攻端侧智能决策模型。

2. 10 人并入上海的产品中台，负责硬件标准化模块开发。

3. 5 人优化离职。调整依据为近 2 年绩效排名及技能测评。

当前的挑战

员工阻力

1. 技能焦虑：转入 AI 算法部的员工中有 60% 无 Python 实战经验，担心无法胜任。

2. 地域排斥：7 名资深工程师拒绝迁往上海，家庭因素占比 85%。

3. 信任危机：73% 的员工认为"优化离职名单不透明"。

4. 效率滑坡：重组 1 周后，需求交付延迟率从 12% 飙升至 45%。

请协助我设计沟通方案

沟通需求

1. 分层沟通库。

· 针对技能焦虑者：提供"AI 技能转换路径图"（如每月 8 小时带薪学习＋认证考试奖金）；

· 针对地域排斥者：设计"双基地办公"方案（如每月仅有 10 天在上海办公）；

· 透明度工具：生成优化名单的决策逻辑可视化看板（如技能匹配度、项目贡献值、学习敏捷性）。

2. 过渡期支持。

· 制定"结对清单"［如算法专家 A 辅导硬件工程师 B 的 TensorFlow Lite（轻量级开源机器学习框架）部署］；

· 输出《30 天速效成果清单》。

注意事项

要点	内容
文化适配	AI 建议的"弹性办公"应符合当地劳动法。
法律合规	优化补偿方案要同步 HR 法务审核，避免 AI 误推超过法定标准的方案。
动态调整	每周更新员工反馈数据，训练 AI 模型优化沟通策略。
人性化兜底	AI 可能忽略特殊个案（如重病员工），须考虑情感因素。

4.5　化解矛盾：用 AI 处理冲突或对抗

问题情景

1 最近市场部和产品部因为客户需求优先级吵得不可开交，市场部抱怨产品迭代慢，产品部指责市场部需求不清晰，该怎么调解这种部门冲突？

2 冲突的本质是目标错位。你需要先拆解双方的核心诉求：市场部要的是快速响应客户（短期收益），产品部关注的是系统稳定性（长期价值）。找到共同目标（如"客户留存率"），用数据证明两者的关联性。

3 但双方情绪对立，在会议上根本没法理性讨论。

4 冲突初期应"隔离情绪"。可以分三步：①单独约谈双方的负责人，用"痛点映射表"梳理各自的压力点；②召开联席会，只讨论具体案例（如"某客户因 XX 功能而流失"），避免泛泛指责；③用客户流失成本数据，倒推协作机制优化。

5 还有一个棘手问题：老员工排斥新成员提出的敏捷开发模式，认为"花架子不实用"，甚至公开抵制。

6 这是新旧观念的冲突。可以让老员工担任"试点项目导师"，将其经验转化为敏捷流程中的检查点（如"需求评审必须包含风险评估"），同时用试点项目的效率数据（如 BUG（程序错误）率下降 20%）逐步说服老员工。

AI 提问框架

通用公式 = 冲突背景 + 矛盾焦点 + 解决需求

冲突背景 →

描述冲突发生的场景、涉及方及直接导火索，帮助 AI 识别冲突的性质，如跨部门目标冲突要协调利益。

提问要素
- **冲突类型**：如资源争夺、理念分歧、流程摩擦。
- **参与角色**：如部门或个体、资历差异。
- **冲突阶段**：如潜伏期、爆发期、僵持期。

矛盾焦点 →

提炼冲突双方的核心分歧点及潜在影响，将模糊的"关系紧张"转化为可量化的问题。如设计部与研发部因需求变更流程发生争执，导致版本发布延误 7 天。

提问要素
- **诉求对立**：如 A 要求加人、B 要求减预算。
- **情绪烈度**：如公开争吵、消极抵抗。
- **关联风险**：如导致项目延期、引发人才流失。

解决需求 →

明确需要 AI 提供的具体解决方案类型及落地要求，如将"如何让技术部接受新工具"转化为"生成新旧工具对比表，并设计 30 天过渡期试点计划"。

提问要素
- **分析维度**：如利益平衡方案、沟通模板、流程改造建议。
- **数据支持**：如引用历史冲突解决案例、对比行业调解周期。
- **产出形式**：如冲突调解 SOP、责任分工矩阵、风险评估报告。

准备资料

要点	内容
冲突记录	会议纪要、邮件往来等。
人员档案	冲突方的岗位职责、绩效表现、合作历史等。
业务数据	与冲突相关的 KPI 变化（如项目延误天数、客户投诉量）等。
制度文件	现有协作流程、权责划分说明、企业文化准则等。
外部参考	行业冲突管理案例、劳动法相关条款（如涉及劳动争议）等。

实战案例

冲突背景 → 我是某在线教育公司的运营总监，近期因课程定价策略引发两大冲突。
1. 销售部与教研部对抗：销售部要求"买一年送半年"促销，教研部认为这会损害品牌调性（客单价从 599 元 / 科，降至 399 元 / 科）。
2. 用户负面反馈激增：已有 23% 的老客户投诉"付费会员权益缩水"，销售为冲业绩过度承诺，导致客诉量月增 45%。

矛盾焦点 → **当前的问题**
1. 利益失衡：销售部佣金依赖短期成交额，教研部考核长期续费率。
2. 信任危机：客户投诉中有 72% 提到"承诺不符"，销售为签单私自修改合同附件。
3. 决策僵局：高管层意见分裂，CEO 倾向销售增长，COO 坚持品牌口碑。

解决需求 → **请协助我**
1. 分析定价冲突的根因，须结合数据。
· 近半年促销课程续费率（仅为 38%，常规课程为 65%）。
· 销售违规操作记录（12 人次伪造客户签名）。
2. 设计双赢方案。
· 重新划分销售考核指标（如加入客户满意度权重）。
· 制定《促销承诺白名单》（明确可承诺条款）。
3. 生成沟通策略。
· 给 CEO 的汇报框架：用客户终身价值模型证明过度促销的长期损失。
· 给销售团队的培训表达：将"不能送"转化为"可赠送 × × 权益"。

注意事项

要点	内容
情绪识别	AI 可能低估非文字冲突信号（如沉默抵触），应结合实际情况补充分析。
权责校准	AI 建议的流程改造应符合企业审批权限。
文化适配	避免直接套用行业方案（如"狼性文化"公司的冲突策略可能不适用于国企）。
迭代验证	将 AI 生成的调解方案在小范围试点（如 1 个销售小组），根据数据反馈进行优化。

4.6 汇聚智慧：用 AI 总结合理化建议

问题情景

1 最近团队收到的员工建议从每月 10 条暴增到 200 条，但质量参差不齐，很多想法不切实际，怎么高效筛选出有价值的方案？

2 建议管理的关键是"分级 + 落地性验证"。例如设立黄金标准：与公司战略匹配度、实施成本低于预算的 15%、能带来可量化的效率提升（例如节省 10% 的工时）。用这三个维度做初筛，可淘汰 80% 的无效提案。

3 有员工提出优化报销流程，但财务部认为这样会削弱风控，这种部门冲突怎么处理？

4 建立"可行性沙盘推演"机制。例如让财务和提建议人共同模拟新流程：用 3 个月的历史数据验证风险点，测算效率提升与漏洞概率。数据会自然说服各方——若漏洞率小于 0.5% 且审批时效提升 40%，阻力就会消失。

5 技术团队提出了一个颠覆式创新方案，但需要 200 万元预算，怎么判断该不该投入？

6 用"四象限决策法"验证：横轴是技术成熟度（现有资源能否支撑），纵轴是市场迫切性（竞品是否已布局）。只有双高象限的方案才值得立项，其余可进入孵化池观察。

AI 提问框架

通用公式 = 建议场景 + 筛选难点 + 整合需求

建议场景

描述员工建议的来源、类型及当前管理方式，帮助 AI 识别建议分布特征，如发现客服团队更关注客户体验类建议。

提问要素

· **收集渠道**：如全员会议、匿名系统、部门提案。

· **建议分类**：如流程优化、技术创新、福利改善等。

· **参与规模**：如研发部占比 65%。

筛选难点

说明管理者在评估建议时遇到的核心障碍，将模糊的"难以决策"转化为可量化的分析任务，如建议 A 的潜在收益与风险概率。

提问要素

· **信息过载**：如月度有效建议不足 5%。

· **评估偏差**：如技术部门低估运营成本。

· **利益冲突**：如跨部门资源争夺。

· **数据缺失**：如无法量化建议的 ROI。

整合需求

明确需要 AI 提供的分析支持类型及输出形式，将"好建议"转化为"可执行项目"，如生成"建议 B 的 3 个月推进计划，包含法务合规审查节点"。

提问要素

· **优先级模型**：如成本收益比、实施周期、战略权重。

· **冲突解决方案**：如部门协同机制、资源再分配方案。

· **落地路线图**：如试点计划、关键里程碑、效果监测指标。

准备资料

要点	内容
建议数据库	员工原始提案文本、提交时间、发起人背景等。
业务基准数据	当前流程效率指标（如审批时长、错误率）、资源约束条件等。
战略关联文件	公司年度 OKR、部门 KPI、竞品动向分析等。
历史决策案例	过往建议采纳记录及实施效果复盘。
风险评估模板	法务 / 财务的合规红线、风险阈值标准等。

实战案例

建议场景 →

我是某连锁零售企业的运营总监，通过企业微信"智慧建议"模块收集员工提案，当前情况如下。

1. 每月收到 300 多条建议，覆盖门店陈列优化、供应链响应、会员运营等类别。

2. 一线店员的建议占比 68%，但采纳率不足 3%（管理层认为"缺乏数据支撑"）。

3. 已建立 7 人评审委员会，但人工评估耗时长达 20 小时 / 月，且争议频发。

筛选难点 →

当前的问题

1. 质量参差：76% 的建议描述模糊（如"应该优化补货"但无具体方案）。

2. 部门博弈：采购部反对"动态库存调配"提案（如担心增加工作量），但该方案可减少 30% 的滞销品。

3. 数据盲区：无法快速验证建议的效果（如"调整货架高度可提升销量"要由门店试点 1 个月）。

整合需求 →

请做如下分析

1. 智能分类：按"实施成本（低 / 中 / 高）""影响范围（单店 / 区域 / 全国）"自动打标签，并识别重复提案。

2. 收益预测：结合历史数据，预测某提案可降低多少人力成本。

3. 冲突化解：为"采购部和运营部"的争议提案生成妥协方案。

4. 实施计划：提供表达模板。

注意事项

要点	内容
数据交叉验证	AI 的收益预测需要对比行业数据或报告。
分级管理	敏感建议（如举报类）须单独处理。
文化适配	AI 生成的"妥协方案"须符合企业决策风格。
人工审核	AI 可能误判创新性提案（如将颠覆式创新归类为"高风险"），应保留专家终审权。

第

5

章

AI＋激励奖惩

激励奖惩是激发团队成员积极性和创造力的重要手段。AI 为团队管理者的激励奖惩工作提供了全新的思路和方法。它可以探寻激励新法门，满足不同员工的需求；做一分钟表扬和批评，让激励和批评更加及时有效；制定奖惩标准，确保公平公正；设计管理制度，为团队管理提供有力保障；还能确保奖金激励到位，合理分配资源。在本章中，我们将深入探讨 AI 在激励奖惩方面的应用，帮助管理者更好地激发团队活力。

5.1 激励有道：用 AI 探寻激励新法门

问题情景

1 最近团队绩效明显两极分化，30% 的骨干产出占比 70%，但其他人越来越懈怠，怎么才能激活整体的积极性？

2 这说明现有激励体系未能覆盖多元需求。双因素理论强调，保健因素（薪资）只能防不满，激励因素（成长、认可）才能促行动。你需要分层设计：对高绩效者提供晋升通道，对中低层用"里程碑奖励"激活短期动力。

3 试用期员工普遍反馈"目标模糊"，但直接给现金奖励又超出预算，有什么替代方案？

4 非物质激励往往更有效。例如建立"技能徽章系统"——完成培训获虚拟勋章，积累可兑换弹性休假或跨部门学习机会。这样既降低成本，又能满足年轻人对"游戏化成就"的偏好。

5 老员工对股权激励不敏感，觉得是"画饼"，怎么办？

6 激励要与可视成果挂钩。例如将股权解锁条件从"公司上市"改为"个人带教 3 名新人通过考核"或"主导项目用户增长超 20%"，让其感受到"可控回报"。

AI 提问框架

通用公式 = 团队现状 + 激励缺口 + 优化需求

团队现状 →

描述团队构成、业务特性及现有激励措施，帮助 AI 识别激励设计的适配场景。如销售团队重短期提成，研发团队需长期股权。

提问要素

· **人员结构**：如年龄分布、职级比例、岗位类型。
· **业务特性**：如项目制 / 职能制、创新性 / 执行性。
· **现行激励**：如薪酬体系、晋升规则、荣誉机制。

激励缺口 →

明确当前激励措施未能满足的需求及负面影响，将"员工不积极"转化为具体缺口，如技术骨干因缺乏专利署名权而流失。

提问要素

· **显性问题**：如离职率高、创新提案减少。
· **需求错位**：如"95 后"员工更看重培训而非奖金。
· **数据佐证**：如调研显示员工成长空间评分仅为 4.2（满分 10）。

优化需求 →

要求 AI 提供解决方案的类型及落地标准，将"优化激励"拆解为可执行任务。如设计一套研发团队专利积分系统，与晋升评审挂钩。

提问要素

· **分析维度**：如需求分层模型、成本收益比测算。
· **创新方向**：如社交激励、弹性福利、个性化积分。
· **约束条件**：如预算上限、合规限制、文化适配。

准备资料

要点	内容
员工档案	岗位说明书、绩效考核数据、离职原因分析等。
激励历史	过往奖金分配记录、晋升案例、荣誉评选规则等。
需求调研	匿名问卷结果（如职业发展需求排序）、焦点小组访谈摘要等。
行业参考	同赛道企业激励案例、人力资源管理白皮书等。
战略文件	公司未来 3 年业务规划、关键人才储备目标等。

实战案例

团队现状 → 我是某跨境电商公司的运营总监，管理一支 45 人的团队（用户增长组 15 人、供应链组 20 人、客服组 10 人），负责东南亚市场的店铺运营。现行激励措施为"销售额提成 + 季度绩效奖金"。

激励缺口 → **当前的问题**
1. 需求偏差：用户增长组"90 后"员工调研显示，75% 的组员认为"学习新工具的机会"比提成更重要；客服组希望增加"情绪补贴"（如每处理 50 个差评可兑换半天休假）。
2. 风险漏洞：未与竞业协议挂钩，导致离职员工加入对手公司。

优化需求 → **请协助我**
1. 组合以下信息分析岗位的激励敏感点：
· 用户增长组：近半年技能培训参与率、创新提案数量；
· 客服组：差评处理时长、员工压力测评数据。
2. 设计分层激励方案：
· 用户增长组：将新媒体平台广告算法优化成果与"技术专家认证"挂钩，认证者可参与内部课程开发并获分成；
· 客服组：推出"压力值积分"，根据差评处理量、客户满意度兑换弹性工作时间或心理咨询服务；
· 供应链组：设立"跨时区协作勋章"，集满 5 枚可优先申请调至非紧急时区岗位。
3. 生成风控方案：设置"阶梯式服务期协议"，违约则按比例返还培训费。

注意事项

要点	内容
隐私合规	员工调研数据要进行脱敏处理，避免关联具体的个人信息。
动态测试	AI 建议的积分规则应在小范围试点，观察其公平性和参与度。
文化适配	非物质激励须符合团队特性（如"00 后"偏好社交荣誉，"70 后"看重职称）。
法律审查	竞业条款和服务期协议须经过 HR 与法务审核，避免劳动仲裁风险。

5.2 赞美有术：用 AI 做"一分钟表扬"

问题情景

1 最近团队业绩达标率提升到 95%，但员工离职率反而从 8% 涨到 12%，尤其是核心骨干，怎么留住他们？

2 高绩效伴随高压力，员工需要即时反馈。例如果只关注结果而忽视过程贡献，成就感会被稀释。例如销售冠军连续加班 3 个月，若只夸"业绩好"，他会觉得努力被工具化。

3 我每周例会都会点名表扬优秀员工，但感觉越来越像走形式，怎么让表扬真正激励人？

4 表扬要满足"三感原则"：具体行为带来的价值感（例如"你优化的客户需求模板节省了团队 20% 的沟通时间"）、被看见的尊重感（例如"我注意到你主动帮新人解决技术卡点"）、与企业目标关联的意义感（例如"这个方案直接推动公司客户满意度提升 5%"）。

5 有些员工性格内向，公开表扬反而让他们尴尬，该怎么平衡？

6 个性化匹配表扬方式。例如技术骨干偏爱书面肯定，可邮件附上代码贡献度数据；设计人员重视同行认可，可在跨部门会议展示其作品并说明其对品牌升级的价值。

AI 提问框架

通用公式 = 表扬场景 + 行为特征 + 输出需求

描述需要实施表扬的具体情境及团队现状，帮助 AI 识别"在什么场景下用什么方式表扬更有效"。

表扬场景

提问要素
- **团队类型**：如销售团队、研发团队。
- **业务阶段**：如冲刺期、复盘期、创新探索期。
- **员工特征**：如年龄结构、绩效分布、性格类型占比。
- **企业文化**：如狼性文化、扁平化管理。

提炼需要被表扬的具体行为及其价值点，将"表现好"转化为可分析的维度，如要求 AI 识别"员工在非 KPI 指标上的突出贡献"。

行为特征

提问要素
- **行为类型**：如超额完成任务、协同创新、价值观践行。
- **量化贡献**：如提前 3 天交付项目、客户满意度提升 8%。
- **隐性价值**：如跨部门知识共享、风险预警、流程优化建议。

明确需要 AI 生成的表扬方案类型及形式。

输出需求

提问要素
- **内容要素**：如数据引用、情感表达、目标关联。
- **形式要求**：如 1 分钟表达模板、邮件 / 会议脚本、可视化卡片。
- **个性化适配**：如针对"90 后"员工增加趣味化表达，针对高管采用战略视角解读。

准备资料

要点	内容
员工档案	岗位职责、近半年绩效数据、性格测评报告等。
行为记录	OKR 完成情况、跨部门协作记录、创新提案库等。
文化素材	企业价值观文本、内部通讯表扬案例等。
激励工具	现有奖励制度、过往成功的表扬案例复盘等。
场景数据	会议频率、沟通渠道使用率（如企业微信 / 邮件 / 面谈占比）等。

实战案例

表扬场景 →
我是某跨境电商公司的客服总监,管理一支 45 人的团队(30 人在线咨询组,15 人电话投诉组),核心数据如下。
1. 咨询组:接待量同比增加 35%,平均响应速度 18 秒(行业基准为 25 秒),但 3 名 TOP 员工因压力过大提出调岗。
2. 投诉组:纠纷解决率从 82% 提升至 91%,但员工加班时长同比增加 40%,离职率升至 15%。

行为特征 →
应重点表扬的行为
1. 显性贡献:如咨询组的张 × × 连续 20 天接待量超 500 单 / 天,且满意度保持在 98%。
2. 隐性贡献:如王 × × 整理的《高频问题 QA 库》被全组采用,节省新人培训时间 50%。

输出需求 →
请帮我
1. 生成"一分钟表扬"模板,包含具体数据(如你在 11 月 6 日处理的客户纠纷,避免公司损失 2 万元)。
2. 设计分层激励方案:
· 对外向型员工:设计包括电子勋章、部门通报表扬的仪式;
· 对内向型员工:生成带个人成长数据感谢信,由直属上级私发。
3. 风险预警:如根据加班时长、工作负荷数据,标注需要额外关怀的高压员工。

注意事项

要点	内容
数据脱敏	AI 训练应隐去敏感信息,如用"节省成本 × 万元"代替。
文化适配	AI 生成的"趣味化表达"应符合企业调性。
及时验证	AI 建议的表扬周期(如每周 2 次)应与业务节奏匹配(避免在审计期安排过多仪式)。
效果追踪	将 AI 生成的表扬方案与员工留存率、工作投入度等数据挂钩,每季度优化模型。

5.3 批评有方：用 AI 做"一分钟批评"

问题情景

1 最近团队频繁出现低级错误，例如合同条款漏填、数据报表重复粘贴，但每次批评后员工要么抵触，要么甩锅给流程，该怎么有效纠偏？

2 批评的本质是"行为矫正"而非"情绪宣泄"。你需要运用 BIC 模型：先描述具体行为（Behavior），说明影响（Impact），再明确后果（Consequence）。

3 有的员工自尊心强，一批评就消极怠工，怎么把握分寸？

4 区分"能力问题"和"态度问题"。前者需要提供工具，后者需要设定底线。例如明确态度问题："若下月仍出现 3 次同类错误，将影响年终评级"。

5 跨部门协作时，其他组的拖延导致我们背锅，这种情况该批评谁？

6 批评必须基于事实链。用"5W"还原事件：谁（Who）在什么节点（When）或在哪里（Where）因何种原因（Why），造成多大影响（What）。例如："市场部在周四 18:00 未提供素材，因内部审批延误，导致设计组加班 12 小时"。数据化归因能减少扯皮。

AI 提问框架

通用公式 = 问题场景 + 沟通障碍 + 优化需求

问题场景

描述需要批评的具体事件、涉及人员及业务背景，帮助 AI 理解批评的紧迫性与严重性层级。

提问要素

- **事件类型**：如执行错误、态度问题、跨部门冲突。
- **发生频率**：如本月第 3 次，季度发生率 15%。
- **业务关联**：如导致项目成本超支 10%。

沟通障碍

阐明当前批评方式存在的短板或阻力，将"批评无效"转化为可优化的具体维度，如须将主观评价转化为行为数据。

提问要素

- **情绪对抗**：如 60% 的员工认为反馈过于笼统。
- **归因偏差**：如管理者将流程问题归咎于个人能力。
- **文化冲突**：如"90 后"员工反感公开批评。

优化需求

明确需要 AI 提供的批评改进方案的类型，将"如何批评"转化为可落地的工具，如生成跨部门协作延误的问责流程图。

提问要素

- **沟通生成**：如针对数据错误生成沟通模板。
- **归因分析**：如用根因分析判断责任比例。
- **效果预测**：如模拟不同批评方式对员工留存率的影响。

准备资料

要点	内容
问题事件库	错误记录表、客户投诉报告、项目复盘文档等。
沟通记录	过往批评邮件、会议纪要、员工反馈调查结果等。
人员档案	员工绩效数据、性格测评报告等。
流程文件	岗位 SOP、跨部门协作机制说明等。
管理红线	公司奖惩制度、合规要求清单等。

实战案例

 **问题场景** →

我是某电商公司的客服团队主管，负责管理 20 名客服（售前 8 人、售后 12 人）。近期发现以下问题。
1. 售前组的 3 名员工为冲销售额，承诺"48 小时发货"（实际库存仅支持 72 小时），导致差评率上升 30%。
2. 售后组在处理"物流破损"投诉时，5 天内重复索要相同凭证（如开箱视频），客户满意度降至 65%。
3. 跨部门协作中，物流部未及时同步库存信息（本月发生 12 次），但客服组承担了 80% 的客户抱怨。

 **沟通障碍** →

当前的沟通障碍
1. 情绪对抗：直接批评售前组"虚假承诺"时，员工辩解"销售压力大"。
2. 归因模糊：售后组认为"系统未自动归档客户材料"是主因，拒绝认责。
3. 权责不清：客服与物流部互相指责，缺乏客观的责任划分标准。

 **优化需求** →

请协助我
1. 表述优化：生成针对"过度承诺"的批评模板，包含行为数据、对比标杆、改进工具。
2. 流程归因：分析售后重复索证问题，判断主因是"系统缺陷"还是"操作疏漏"。
3. 协作机制：设计"物流—客服信息同步 SOP"，明确库存更新节点（如每 2 小时）、滞后处罚规则（如超时 1 次扣团队绩效分 0.5%），并生成责任认定流程图。

注意事项

要点	内容
文化适配	AI 生成的表述模板须符合团队的沟通风格。
反馈校准	AI 建议的责任比例须通过"三方会议"（如当事人、关联部门、HR）验证。
情绪监测	可以要求 AI 标注可能引发强烈抵触的内容，并做相应替换。

5.4 规则先行：用 AI 制定奖惩标准

问题情景

1 团队最近的项目交付总是踩线完成，但质量抽查有 30% 不达标；惩罚严了怕打击士气，松了又形同虚设，该怎么制定标准？

2 奖惩的核心是"行为校准"。例如技术团队用"缺陷密度"量化代码质量，若连续 3 次低于基准，则触发强制培训而非罚款，既给予警示又保留了尊严。关键要让规则与业务痛点精准挂钩。

3 销售团队业绩波动大，有人靠运气签单却被奖励，有人持续拓客但短期未产出，怎么保证公平？

4 引入"过程指标"和"结果指标"的双层考核。例如拓客量占奖金权重的 40%（过程），成单转化率占 60%（结果），同时设置"客户满意度"一票否决制，避免涸泽而渔。

5 老员工总用"历史功劳"要求豁免惩罚，新员工觉得规则不公，怎么平衡？

6 规则必须动态迭代。例如设立"贡献积分池"，历史功勋可兑换培训资源或弹性休假，但不能抵减当前违规扣分。同时公示全员数据，用透明化解释"为什么他能例外"。

AI 提问框架

通用公式 = 规则现状 + 失衡问题 + 重构需求

规则现状 →

描述当前奖惩机制的设计框架及执行情况，帮助 AI 识别规则与业务目标的错位点，如销售重短期成单但忽视客户留存。

提问要素

- **制度文本：** 如现行奖惩条款、考核周期、权重分配。
- **执行数据：** 如近半年奖励、惩罚人次及原因分布。
- **员工感知：** 如调研关于"规则公平性""激励有效性"的评分。

失衡问题 →

明确现有规则导致的矛盾或负面效应，将"规则失效"转化为可量化的问题，如"客服团队为达标响应时长，敷衍解决率提升至 40%"。

提问要素

- **显性冲突：** 如因规则模糊引发的投诉占比 35%。
- **隐性损耗：** 如高绩效员工因规则不公离职。
- **数据悖论：** 如惩罚措施实施后，报表差错率下降但创新提案减少 50%。

重构需求 →

要求 AI 提供规则优化的方向及落地标准，将"优化规则"拆解为 AI 任务，如对比阶梯式罚款和绩效置换这两种方案对质检合格率的影响。

提问要素

- **设计原则：** 如强化过程管理，差异化岗位权重。
- **数据依赖：** 须分析的字段，如客户复购率、项目返工成本。
- **产出形式：** 如生成奖惩条款草案、模拟规则调整后的 ROI 变化。

准备资料

要点	内容
制度文件	现行奖惩制度、考核表模板、申诉流程记录等。
绩效数据	个人 / 团队 KPI 完成率、质量抽检报告、客户反馈等。
员工反馈	匿名调研中关于规则的吐槽高频词、焦点访谈纪要等。
行业对标	同岗位市场薪酬奖惩结构、标杆企业规则案例等。
成本报表	奖惩措施涉及的财务支出（如奖金池、培训费）。

实战案例

规则现状

我是某互联网公司的运营总监，管理一支 25 人的团队（用户增长组 8 人、活动策划组 10 人、数据分析组 7 人）。现行奖惩规则如下。

1. 奖励：超额完成 UV（独立访客），增长奖励 2000 元 / 人，活动 ROI 超基准线奖励团队总预算的 5%。

2. 惩罚：需求文档延迟提交扣绩效分 2 分 / 次，用户投诉涉及人员扣 500 元 / 次。

近半年出现如下情况

1. 用户增长组为冲 UV 引入低质流量，导致次日留存率从 45% 暴跌至 28%。

2. 数据分析组因"怕担责"拒绝尝试新模型，3 个项目被搁置。

3. 活动策划组因 ROI 奖金分配不均，2 名核心成员离职。

失衡问题

当前奖励规则表现出的问题

1. 目标冲突：UV 奖励未与留存率挂钩，部分成员刷量套利。

2. 风险规避：惩罚条款未区分"探索性失误"和"重复性错误"，从而扼杀创新。

3. 分配矛盾：团队奖金按职级分配，新人贡献度被低估。

重构需求

请协助我

1. 重构奖惩指标：如用户增长组，将奖金拆分为"UV 达标基础奖（40%）＋ 留存率系数奖（30%）＋ 用户满意度附加奖（30%）"。

2. 模拟影响：

· 预测新规则下奖金成本的波动范围（总成本的增长不超过 10%）；

· 分析"容错机制"对实验项目启动率的影响。

3. 生成配套工具：输出《规则调整沟通库》，包含向老员工解释历史贡献如何折算弹性福利的 10 种场景应答。

注意事项

要点	内容
灰度测试	AI 生成的规则应在小范围试点（如 1 个小组），观察执行摩擦点。
文化适配	避免直接将互联网"赛马机制"套用到传统制造业。
动态迭代	每季度用 AI 分析规则执行数据，识别新的漏洞。
法律审查	惩罚条款须符合劳动相关法律法规。

5.5 铁律保障：用 AI 设计管理制度

问题情景

1 团队规模从 10 人扩张到 30 人后，职责划分越来越模糊，项目经常出现"三个和尚没水喝"的情况，该怎么根治？

2 这是典型的制度缺位问题。有效的管理制度要解决三个核心：权责边界（谁负责）、流程标准（怎么做）、奖惩规则（为何做）。例如用 RACI 矩阵明确执行人（R）、审批人（A）、咨询方（C）、知会方（I），能减少扯皮。

3 我们制定了考勤制度，但程序员抵触"打卡"，这个制度反而导致效率下降。制度怎么才能适配团队特性？

4 制度设计必须遵循"三匹配原则"：业务属性（例如研发团队侧重结果而非考勤）、发展阶段（例如初创期重弹性，成熟期重规范）、文化基因（例如狼性团队重竞争，扁平团队重协作）。

5 老员工觉得新制度束缚手脚，新员工抱怨流程混乱，如何平衡？

6 制度迭代需要"双轨制"。老员工保留部分弹性空间（例如允许自主选择 20% 的项目），新员工用标准化流程快速上手。同时通过"制度共创会"让双方参与优化，减少抵触。

AI 提问框架

通用公式 = 制度场景 + 管理痛点 + 设计需求

制度场景

描述需要设计或优化制度的具体业务场景及团队现状，帮助 AI 识别制度设计的适配性，避免"一刀切"的方案。

提问要素
- **团队类型**：如销售、研发、职能团队。
- **业务特性**：如项目制、流水线作业、创意型工作。
- **发展阶段**：如扩张期、转型期、稳定期。
- **现存制度**：如已有制度文本及执行问题。

管理痛点

明确当前制度缺失或失效导致的具体问题，将抽象问题转化为可量化的设计需求，如需求变更导致 30% 的项目延期。

提问要素
- **权责问题**：如跨部门协作无主责人，审批链条过长。
- **流程漏洞**：如需求变更未经评估就直接执行，复盘流于形式。
- **激励偏差**：如 KPI 导致短期行为，价值观考核模糊。

设计需求

说明需要 AI 生成的制度类型、核心功能及约束条件，如将"降低项目延期率"转化为"设计需求评审的 AI 预警规则"。

提问要素
- **制度类型**：如考核制度、协作机制、风险管控。
- **功能重点**：如权责清单、自动化审批流程。
- **约束条件**：如合规要求、预算限制、文化禁忌。

准备资料

要点	内容
团队档案	组织架构图、岗位说明书、绩效考核表等。
制度痛点	员工投诉高频问题、项目延期分析报告、跨部门冲突案例等。
业务数据	项目周期、成本超支率、客户满意度波动曲线等。
外部约束	行业合规文件（如数据安全法）、母公司制度模板等。
文化素材	企业价值观声明、员工调研中关于制度的建议等。

实战案例

制度场景

我是某跨境电商公司的运营总监，管理一支 50 人的团队（采购 15 人、仓储 20 人、物流 15 人）。业务特性如下。

1. 采购组须快速响应爆款需求（平均 SKU 上架周期 7 天），但库存滞销率高达 25%。

2. 仓储组使用自研 WMS 系统（仓储管理系统），但货品错发率从 2% 升至 5%。

3. 物流组与第三方承运商协作，但因对账流程烦琐（需要 6 个部门签字），结算延误导致运费成本增加 12%。

管理痛点

当前的管理痛点

1. 权责问题：采购组为冲上新速度，跳过"滞销风险评估会"直接下单。

2. 流程漏洞：仓储组未按"ABC 分类法"摆放货品，导致拣货效率下降 30%。

3. 激励偏差：

· 采购组 KPI 仅考核上新数量，而非动销率或毛利率；

· 仓储组绩效与"错发率"挂钩，但未区分系统漏洞和人为失误。

设计需求

请协助我

1. 优化协同流程：重构物流对账 SOP，用 RACI 矩阵明确财务部（A）、物流组（R）、IT 部（C）的权责。

2. 调整考核制度：采购组 KPI 增加"90 天动销率权重（40%）"；仓储组绩效区分"系统故障率"与"人为失误率"，前者由技术部担责。

注意事项

要点	内容
数据验证	AI 生成的流程要通过历史数据回测（如用过去 3 个月的数据验证预测准确率）。
合规审查	制度中涉及的审批权限、数据调用必须合法合规。
文化适配	AI 建议的考核制度须与团队文化兼容（如狼性团队可保留"末位淘汰制"，而创新团队慎用）。
迭代机制	每季度用"制度健康度指标"（如执行率、投诉率）评估 AI 方案，动态调整。

5.6 公平分配：用 AI 确保奖金激励到位

问题情景

1 团队里明明有人加班最多，但奖金却按职级分配，大家私下抱怨"干多干少一个样"，该怎么调整？

2 奖金分配的本质是"价值量化"。例如技术团队可拆分"代码贡献度""故障修复响应速度""文档完整性"三项加权，让付出可见。避免用单一指标衡量所有角色。

3 销售团队有人签大单但协作差，有人默默支持却分不到奖金，怎么平衡个人与团队的贡献？

4 引入"贡献穿透"机制。例如总奖金的 60% 按个人业绩分配，40% 按协作积分分配（例如分享客户资源、协助方案设计）。用数据证明"谁成就了谁"。

5 老员工觉得新人奖金涨得快、不公平，新人认为老员工吃老本，怎么化解代际矛盾？

6 设计双轨道激励。老员工侧重"经验复用率"（例如带教新人数量、流程优化建议采纳率），新人侧重"成长斜率"（例如技能认证速度、任务复杂度提升幅度）。用差异化解对立。

AI 提问框架

通用公式 = 分配现状 + 分配矛盾 + 优化需求

分配现状

描述当前奖金结构、分配依据及执行效果，帮助 AI 识别规则与价值创造的偏差。

提问要素

· 分配规则：现有奖金池划分方式（如业绩提成制）。
· 执行数据：近半年奖金分布曲线（如前十名员工获得 50% 奖金）。
· 评价维度：当前使用的考核指标（如销售额、客户满意度）。

分配矛盾

阐明现有分配方式引发的公平性争议或效率损失，将"不公平感"转化为可优化的问题点。

提问要素

· 显性冲突：如跨部门协作贡献未被量化，导致 30% 的项目支持者零奖金。
· 隐性损耗：如因分配不公，高潜力员工季度离职率上升 15%。
· 数据悖论：如销售冠军的客户投诉率是平均值的 3 倍，但奖金不受影响。

优化需求

要求 AI 提供的分配模型优化方向及验证标准，将"如何分配"拆解为 AI 任务。

提问要素

· 重构原则：如过程与结果并重、岗位差异系数。
· 数据需求：如项目协作记录、客户复购率。
· 产出形式：如生成奖金公式、模拟调整后离职率的变化。

准备资料

要点	内容
薪酬结构	现行奖金制度文件、历史分配记录等。
绩效数据	个人 KPI 达成率、项目贡献度报表、协作行为日志等。
员工反馈	匿名调研中关于奖金的不满高频词、离职面谈记录等。
行业基准	同岗位市场薪酬分位值、标杆企业奖金模型案例等。

实战案例

分配现状 ➤ 我是某电商公司的客服团队负责人，管理 35 名客服（售前 20 人、售后 15 人）。现行奖金规则如下。

1. 售前客服：按成单金额 5% 提成，月度前三名额外奖励 2000 元。

2. 售后客服：按工单处理量计件，每单 1.5 元，投诉率超过 2% 扣总奖金的 20%。

分配矛盾 ➤ **奖金分配中的矛盾**

1. 目标扭曲：成单提成制导致售前忽视客户质量，售后忽视问题解决。

2. 协作缺失：复杂客诉要跨组协作，但无协作奖励。

3. 新人断层：新员工因资源劣势陷入"低业绩—低奖金—高离职"的恶性循环，离职率达 50%。

优化需求 ➤ **请协助我**

1. 重构奖金模型

· 售前组：将提成拆分为"成单金额（40%）+ 客户质量分（30%）+ 协作分（30%）"，其中客户质量分 = 复购率 ×0.7 + 客单价 ×0.3；

· 售后组：工单奖金 = 基础处理量 ×1 元 + 问题解决率系数 ×0.5 元 + 协作加分（如转交技术组处理的复杂问题奖 3 元 / 单）。

2. 模拟验证：预测新模型下退货率降幅（目标从 35% 降至 20%）、新人留存率提升幅度（目标从 50% 提至 75%）。

3. 生成配套工具：输出《协作积分申报指南》，明确跨组支持工单的录入规范和审核流程。

注意事项

要点	内容
动态校准	每季度用 AI 分析模型漏洞。
透明沟通	可以将 AI 生成的分配公式转换为可视化图表。
文化适配	避免直接将互联网"狼性算法"照搬到传统服务业，要保留人性化弹性。
法律合规	奖金规则调整须经职工代表大会表决，扣款条款不得违反劳动相关法律法规。

第

6

章

AI+高效会议

会议是团队沟通协作的重要方式，但低效的会议往往浪费大量时间和精力。AI 的出现，为打造高效会议提供了可能。它可以打造会议高效流程，节省会议时间；设定会议规范指南，明确会议要求；撰写会议发言稿，让发言更加精彩；形成会议纪要，记录会议全貌；总结会议收获，评估会议成果；评判会议成效，为后续会议的改进提供参考。下面，让我们看看 AI 如何助力团队管理者召开高效会议。

6.1 节省时间：用 AI 打造会议高效流程

问题情景

1 最近团队会议越来越多，平均每周要开 8 小时例会，但决策效率反而下降，该怎么破局？

2 会议低效的核心在于流程失控。高效会议须满足三个原则：目标明确（会前议题清单）、角色清晰（主持人、记录员、决策者）、结果闭环（会后行动项追踪）。

3 跨部门会议总陷入细节争论，技术组和市场组互相指责，如何避免跑题？

4 须建立"会前共识机制"。例如要求各方提前提交数据报告，会上仅讨论矛盾点；主持人记录争议话题，会后再专项处理。同时设置"发言计时器"，每人每次限时 3 分钟。

5 线上会议更难控场，有人全程静音，有人临时掉线，会后执行总打折扣。

6 线上会议须强化规则设计。例如会前同步"摄像头开启"规则，会后 AI 自动生成待办事项。此外，用"异步沟通"替代非必要会议，例如用文档评论功能收集意见。

AI 提问框架

通用公式 = 会议场景 + 痛点拆解 + 优化需求

会议场景

描述需要优化的会议类型、频率、参与方及当前流程，帮助 AI 识别不同会议场景的优化方向。如头脑风暴会需要发散，决策会需要收敛。

提问要素
· 会议类型：如决策会、头脑风暴会、进度同步会。
· 参会规模：如跨部门 20 人、核心成员 5 人。
· 现有流程：如会前是否发议程、会后有无纪要。
· 工具使用：如腾讯会议、钉钉等。

痛点拆解

明确当前会议流程中的具体问题及量化影响，将模糊的"会议低效"转化为可操作的改进点。

提问要素
· 时间损耗：如平均会议超时 30%。
· 决策失效：如行动项完成率仅为 40%。
· 参与度低：如 50% 的参会者中途处理其他工作。

优化需求

说明需要 AI 提供的解决方案类型及落地标准，将需求转化为 AI 任务。如将周例会压缩 1 小时，并确保行动项完成率提升至 80%。

提问要素
· 流程重构：如设计议程模板、制定发言规则。
· 工具辅助：如开发 AI 计时提醒、自动化纪要生成。
· 效果验证：如设定会议 ROI 指标、决策效率提升目标、时间压缩比例。

准备资料

要点	内容
会议档案	过往会议纪要、议程模板、行动项追踪表等。
时间日志	团队成员每周会议耗时统计、关键会议时间分配比例等。
反馈数据	匿名调研结果（如哪些会议最冗余）、参会者建议等。
业务目标	当前团队核心任务（如季度产品上线）、需要会议支撑的关键决策等。

实战案例

会议场景

我是某互联网教育公司的产品负责人，管理一支 15 人的团队（产品经理 4 人、教研 6 人、技术 5 人）。当前会议情况如下。

1. 决策会：每周三下午 2 小时，讨论产品功能优先级，但常陷入细节争论，结论落地率仅为 50%。

2. 需求评审会：每周五 1.5 小时，教研组提出需求后，技术组对 70% 的需求以"排期不足"驳回。

3. 进度同步会：每日晨会 15 分钟，但 50% 的成员反馈"信息重复，与自身无关"。

痛点拆解

当前的痛点

1. 决策低效：

· 周三决策会平均超时 40 分钟，关键决策延误导致竞品抢先；

· 会议中 40% 的结论因执行资源未明确而搁置。

2. 协作断层：

· 教研组的需求文档缺乏技术可行性评估，会上临时修改导致技术组的抵触；

· 驳回的需求未记录原因，重复提案占会议时间的 30%。

3. 时间浪费：

· 每日晨会中，60% 的内容为个别成员进度汇报，其他人无效旁听；

· 会后行动项依赖人工跟踪，漏项率高达 35%。

优化需求

请帮我

1. 重构决策会、需求评审会、进度同步会的流程。

2. 设计"决策会前置评估表"，要求提案人提前填写"成本收益分析""资源需求"，未提交者不得上会。

注意事项

要点	内容
人工审核	AI 生成的议程须经过审核，以免重要议题被误删。
文化适配	AI 工具设计须符合团队习惯。
渐进优化	优先试点会议类型，验证效果后再推广至全员。

6.2 明确要求：用 AI 设定会议规范指南

问题情景

1 最近团队的会议越来越多，但一半时间都在跑题，甚至需要反复开同一主题的会，怎样才能减少无效沟通？

2 这是典型的会议规范缺失问题。明确的会议规则要解决三个核心问题：议程控制（讨论什么）、角色分工（谁来主导）、产出标准（达成什么结论）。

3 我们尝试过会前发议程，但执行时总被突发问题带偏，怎么办？

4 规范需要配套"会议类型分级"。例如将会议分为信息同步型、问题解决型、战略决策型，并设定对应的发言权和流程。

5 有些成员开会时沉默，有些又过度表达，如何平衡参与度？

6 用"角色卡牌制"强制分工。例如每次会议设置计时员（控制发言时长）、记录员（实时投射结论）、挑战者（提出反对视角），并通过会前分配角色提升责任感。

AI 提问框架

通用公式 = 会议场景 + 效率痛点 + 规范需求

描述需要规范的具体会议类型及典型问题，帮助 AI 识别不同会议的差异化需求，避免"一刀切"的方案。

会议场景 →

提问要素

- 会议类别：如晨会、项目复盘会、跨部门协调会。
- 参与规模：如 5 人内小团队、20 人以上团队全员会议。
- 召开频率：如每日站会、月度战略会。
- 现有规则：已有流程及失效环节。

阐明当前会议低效的具体表现及量化影响，将模糊的"会议低效"转化为可优化的指标，如将战略会的人均准备时长从 5 分钟提升至 30 分钟。

效率痛点 →

提问要素

- 时间损耗：如平均会议超时率 40%。
- 决策失效：如 60% 的会议未明确执行人。
- 参与失衡：如 70% 的发言由 3 人主导。

要求 AI 生成会议规则的类型及验证标准，将"如何开会"拆解为 AI 任务。

规范需求 →

提问要素

- 规则类型：如议程模板、角色分工机制、会后追踪流程。
- 约束条件：如合规要求，企业文化禁忌。
- 验证指标：如会议决议执行率，员工满意度调研得分。

准备资料

要点	内容
会议档案	近三个月的会议纪要、议程模板、参与名单等。
效率数据	会议平均时长、超时率、决议执行率统计表等。
员工反馈	匿名调研中关于会议的高频词（如"拖堂""跑题"等）。
行业参考	同类企业会议管理案例（如亚马逊的"六页纸会议法"）。
组织特性	团队文化、技术条件（如是否具备 OA 系统）等。

实战案例

会议场景 → 我是某互联网公司的产品部总监，管理一支 15 人的团队（产品经理 6 人、设计师 4 人、技术接口 5 人）。当前会议现状如下。

1. 需求评审会：每周 2 次，平均时长 2.5 小时，40% 的时间争论技术可行性。

2. 迭代复盘会：每月 1 次，但 80% 的结论为"下次改进"，无闭环追踪机制。

3. 跨部门协调会：与运营部召开的资源争夺会常陷入僵局，需要总监级领导介入才能推进。

当前会议的痛点

1. 决策延迟：

· 需求评审会中，因技术评估不充分，30% 的需求会后被开发组驳回；

· 跨部门会议结论的执行率仅 50%，要由二次会议重新确认。

效率痛点 → 2. 角色混乱：

· 设计师在评审会中仅被要求"确认 UI（用户界面）"，但 60% 的需求变更未提前告知设计组；

· 技术接口员常因准备不足而无法当场答复，导致会议中断。

3. 文化冲突：

· 强制"会前阅读材料"规则引发抵触（执行率不足 20%）；

· 新人因不敢打断资深员工，90% 的疑问拖延至会后私下沟通。

请帮我

规范需求 → 1. 生成分级会议规范模板：设计"轻型评审会"（30 分钟，确认需求优先级）和"重型评审会"（90 分钟，含技术可行性预评估）。

2. 优化角色机制：在跨部门会议中设置"资源核算员""冲突调解员""问题记录员"。

注意事项

要点	内容
多版筛选	可以让 AI 生成多个版本，从中筛选出最满意的版本试用。
文化适配	避免将"硅谷式极简规则"强加于注重人情沟通的团队，可保留 10% 的弹性时间。
动态迭代	每季度用 AI 分析会议规范健康度（如超时率、执行率），淘汰低效条款。

6.3 发言精彩：用 AI 撰写会议发言稿

问题情景

1　每次开战略会，我的发言总被批评"重点模糊"。明明想传达目标，但大家听完反而更加困惑，怎么改进？

2　发言的核心是"逻辑牵引"。例如季度目标宣贯，用"总分总"结构：先抛出核心结论（例如"Q4 营收增长 30%"），再拆解支撑点（市场、技术、人力三路径），最后用行动指令收尾。听众需要明确"我要做什么"。

3　跨部门协调会上，研发抱怨产品需求不清晰，产品指责市场数据滞后，对这种冲突性发言怎么处理？

4　矛盾场景须"先共情再解题"。开场承认各方压力（例如"研发加班率超 50%"），用数据锚定共识（例如"客户对交付速度的投诉增长 30%"），最后提出协作方案（例如"三方共建需求优先级评估表"）。避免站队，聚焦共同利益。

5　向高层汇报时，他们总是中途打断、追问细节，准备好的逻辑全被打乱，如何控场？

6　高管关注"决策支撑点"。发言稿的前 3 分钟要用关键数据（例如"新渠道 ROI 是旧渠道的 2 倍"）吸引其注意力，后续每个论点配备数据附录。被追问时快速调取提前准备的回应方式，保持主动权。

AI 提问框架

通用公式 = 发言场景 + 内容痛点 + 生成需求

明确发言的应用场景、听众角色及核心目标，帮助 AI 理解发言的基调与边界，如向上汇报须突出数据，全员大会须强化愿景。

发言场景

提问要素
- **会议类型**：如战略宣贯会、项目复盘会、危机公关会。
- **听众画像**：如高管、平级部门、一线员工。
- **核心目标**：如争取资源、达成共识、提振士气。
- **文化背景**：如企业风格是"狼性激进"还是"稳健保守"。

指出当前发言稿存在的具体问题或未达成的效果，将模糊的"发言效果差"转化为可优化项。

内容痛点

提问要素
- **逻辑缺陷**：如结构松散，听众抓不住重点。
- **情绪错位**：如批评过多引发抵触。
- **执行障碍**：如行动指令不清晰，会后无人跟进。

说明需要 AI 输出的内容类型及改进方向，指导 AI 生成有针对性的方案。

生成需求

提问要素
- **框架设计**：如金字塔结构、故事化叙事。
- **内容强化**：如增加竞品对比数据、插入客户痛点案例。
- **表达优化**：如将长段落拆分为三步指令。

准备资料

要点	内容
会议背景	会议议程、核心议题、参会者名单及角色等。
历史文稿	过往发言稿原文、听众反馈记录（如会后执行效果）等。
数据素材	业务核心指标、竞品动态、行业报告摘要等。
风格参考	企业成功案例的发言模板、管理者偏好的表达方式（如是否接受幽默措辞）等。

实战案例

发言场景

我是某智能硬件公司的市场总监，下周要在季度战略会上向 CEO、产品团队及销售团队汇报《智能手环市场破局计划》。会议核心目标是争取 200 万元预算，用于新渠道的拓展。听众特点如下。

1. CEO：关注 ROI 和差异化竞争力。

2. 产品团队：对技术细节敏感，易质疑市场需求的真实性。

3. 销售团队：希望明确执行指令，反感抽象概念。

内容痛点

当前的问题

1. 逻辑说服力弱：初版发言稿用"市场潜力大"作为主论点，但缺乏竞品份额对比（当前市占率仅 8%，头部品牌占 60%）。

2. 数据支撑不足：

· 预算申请依据仅为行业增长率预测，缺乏试点数据；

· 未量化新渠道对品牌认知度的提升效果。

3. 行动指令模糊：要求销售团队"加强终端渗透"，但未提供具体执行清单。

生成需求

请协助我

1. 重构发言结构：采用"危机—机会—方案"的框架，开场用市占率差距引发紧迫感，中间插入体验店试点数据证明可行性，结尾拆解预算用途（50 万元用于体验道具、100 万元用于区域推广、50 万元用于销售激励）。

2. 强化对抗性质疑：在"为什么线下"板块，加入与电商的对比数据；针对产品团队的质疑，预埋技术协同点。

3. 生成配套工具：输出《体验店运营清单》（含选址评估模型、转化率监测表）。

注意事项

要点	内容
数据核验	AI 引用的行业数据须与权威报告交叉验证。
人工润色	AI 可能过度使用模板，应加入管理者个人叙事。
合规审查	避免泄露未公开的财务数据，预算分配须符合公司审批权限。
反馈迭代	收集会后效果，用于优化 AI 训练模型。

6.4 记录全貌：用 AI 形成会议纪要

问题情景

1 最近的跨部门会议上，各组的理解总不一致，明明会上达成了共识，执行时却互相推诿，问题出在哪儿？

2 根源在于会议记录不完整。有效的会议纪要必须包含三个要素：决策结论（明确行动项）、责任人（谁在何时交付什么）、争议留痕（未达成共识的争议点）。

3 我们安排了专人记录，但总漏掉关键细节，例如市场部提出的用户需求优先级调整。

4 记录者需要结构化模板。例如将纪要分为"决议事项""待跟进问题""风险预警"三部分，强制要求记录每个议题的结论、反对意见、执行标准。

5 线上会议更难记录，30 人的会有人开麦、有人打字，会后整理要花 2 小时。

6 可建立"实时协作纪要"机制，主持人同步共享文档，参会者自行补充负责部分。例如技术方案由研发组长填写，市场数据由运营主管更新，最终整合只要短时间就能完成。

AI 提问框架

通用公式 = 会议场景 + 记录痛点 + 生成需求

会议场景 →

描述需要优化纪要的会议类型、记录方式及核心问题，帮助 AI 识别不同会议的记录侧重点。

提问要素

- **会议性质**：如头脑风暴会、决策会、评审会。
- **记录现状**：如人工记录、录音转写、无固定模板。
- **参与规模**：如小型核心会议、全员大会。
- **信息复杂度**：如技术参数讨论、战略方向辩论。

记录痛点 →

阐明当前会议纪要存在的具体缺陷及负面影响，将"纪要质量差"转化为可量化的改进点，如将行动项遗漏率从 20% 降至 5%。

提问要素

- **信息缺失**：如 50% 的待办事项未标注责任人。
- **效率低下**：如会后整理耗时占会议总时长的 40%。
- **执行脱节**：如 30% 的行动项未被关联至任务系统。

生成需求 →

说明需要 AI 实现的优化纪要及验收标准，将需求转化为 AI 任务。

提问要素

- **自动化能力**：如语音转写、关键结论提取、任务自动派发。
- **结构化输出**：如强制字段填写、模板适配、多版本存档。
- **协同机制**：如权限管理、评论批注、版本对比。

准备资料

要点	内容
原始纪要样本	近期的会议记录文档（含优秀、劣质案例）。
会议分类清单	团队高频会议类型及核心目标（如需求评审会须明确技术方案）。
执行反馈数据	过往行动项完成率统计、因纪要错误引发的纠纷案例等。

实战案例

会议场景

我是某智能硬件公司的研发总监，管理一支 20 人的团队（硬件工程师 8 人、软件工程师 7 人、测试 5 人）。当前会议纪要现状如下。

1. 技术方案评审会：每周 3 次，由项目经理手动记录，但常漏写接口标准（如蓝牙协议版本），导致 30% 的需求返工。

2. 跨部门协同会：与供应链部门的会议录音长达 2 小时，人工整理需 4 小时，且 50% 的物料交期承诺未同步至 ERP 系统。

3. 紧急故障复盘会：事故处理结论分散在聊天记录、邮件、白板照片中，无法形成完整报告。

记录痛点

会议纪要的记录痛点

1. 关键信息遗漏：

· 技术方案评审会中，15% 的测试用例覆盖范围未记录，引发测试组与开发组的冲突；

· 供应链承诺的芯片到货时间偏差超过 7 天，但因未写入纪要，无法追责。

2. 效率与准确性失衡：

· 人工记录错误率高达 12%（如将"5V/3A"误写为"5A/3V"）；

· 故障复盘会的信息整合耗时占会议总时间的 60%。

3. 执行断层：

· 40% 的 BUG（程序错误）修复任务仅停留在纪要文档中；

· 跨部门会议纪要未自动同步至供应链系统，导致物料延误率增加 18%。

生成需求

请协助我

1. 构建结构化的会议纪要模板。

2. 故障复盘会模板整合白板照片、邮件截图、聊天记录，并按时间线生成报告。

注意事项

要点	内容
隐私合规	涉及专利讨论等保密信息的会议建议关闭 AI 软件的语音转写功能。
格式适配	AI 生成的模板须适配企业公文标准（如字体、编号规则、密级标识）。
人工复核	关键决策结论（如产品上市时间）须人工确认。争议性表述（如"暂不处理"和"永久搁置"）须人工标注，避免歧义。

6.5 评价成果：用 AI 总结会议收获

问题情景

1
每次开完项目复盘会，大家讨论了很多问题，但一周后就没人记得具体行动项了，怎么避免这种"会议白开"的情况？

2
关键在于会议收获的即时结构化。例如采用"三线总结法"：会中实时记录问题线（哪些问题待解决）、决策线（达成什么共识）、行动线（谁在什么时间完成什么）。会后 24 小时内同步给全员，下次会议前逐项核对进度。

3
有些会议的结论比较模糊，例如"优化流程"，执行时各部门的理解不一致怎么办？

4
总结必须对齐颗粒度。例如将"优化流程"拆解为"采购审批环节从 5 人简化为 3 人"，并标注责任人和验收标准。

5
跨部门会议常出现扯皮推诿现象，总结时如何客观归因？

6
采用数据锚定法。例如某项目延期，不写"市场部需求变更频繁"，而是统计变更次数，附上对开发周期的影响（平均每次变更导致延期 2 天）。事实会倒逼责任收敛。

AI 提问框架

通用公式 = 会议情境 + 总结痛点 + 输出需求

描述需要总结的会议类型、核心议题及典型问题，帮助 AI 识别不同会议的总结侧重点，如头脑风暴会要分类整理创意。

会议情境

提问要素

- **会议性质：** 如决策会、头脑风暴会、复盘会。
- **参与角色：** 如高管、执行层、外部顾问。
- **讨论焦点：** 如战略调整、事故归因、资源争夺。
- **现有记录：** 如原始会议纪要、录音片段、聊天记录。

明确当前会议总结存在的缺陷或未达成的目标，将"总结质量差"转化为可优化指标，如将行动项跟进率从 40% 提升至 80%。

总结痛点

提问要素

- **信息分散：** 如行动项未关联责任人。
- **归因模糊：** 如责任划分主观性强。
- **执行失效：** 如后续会议重复讨论同一议题。

说明需要 AI 生成的总结类型及改进方向，将"如何总结"拆解为 AI 任务。

输出需求

提问要素

- **结构化模板：** 如"问题—决策—行动"三分法。
- **数据强化：** 如自动提取会议中的量化指标。
- **追踪工具：** 如生成甘特图自动关联任务。

准备资料

要点	内容
会议原始素材	会议纪要、录音/录像文件、聊天记录、投票结果等。
执行追踪数据	过往行动项完成率、逾期原因分析表等。
业务背景资料	关联项目进度表、KPI 指标、竞品动态等。
组织规则	企业会议管理规范、敏感信息保密要求（如数据脱敏规则）等。

实战案例

会议情境

我是某电商公司的运营总监，刚主持完"双十一复盘会"。会议历时 3 小时，参与方包括物流部、客服部、营销部及 3 家外包服务商。核心议题为：分析大促期间客户投诉增长 20% 的原因，并制定改进方案。现有素材包括以下 3 点。

1. 会议录音文稿（含各部门争论内容）。
2. 客服部整理的投诉分类数据（如物流延迟占 45%）。
3. 物流部提供的仓配压力报告（峰值单量超系统承载力 30%）。

总结痛点

当前的问题

1. 信息碎片化：
   ·各部门互相推诿，录音中 70% 的时间为责任归属争论；
   ·外包商提出的"系统接口不稳定"问题未被纳入原始纪要。
2. 行动项模糊：
   ·结论"优化订单预测模型"未明确执行方；
   ·"加强客服培训"缺乏验收标准（如应减少多少重复投诉）。
3. 追踪断层：去年同类会议制定的未落实内容，在本次会议上未分析原因。

输出需求

请协助我

1. 结构化归因：
   ·从录音文稿中提取 4 类投诉的根本原因（如"营销超卖导致爆仓"须关联订单预测误差率数据）；
   ·用"责任—资源"矩阵标注改进项（如"物流部要扩容服务器，但需要财务部审批预算"）。
2. 生成执行清单：将"优化预测模型"拆解为"营销部在 7 日内提供历史误差数据"。

注意事项

要点	内容
事实核验	AI 提取的结论须与原始记录交叉比对（如"订单预测误差率"须匹配系统后台数据）。
数据保密	涉及外包商敏感信息的会议录音最好不要提供给 AI。
归因平衡	避免 AI 过度依赖定量数据而忽略人性因素（如客服压力大导致响应慢应补充调研）。
法律合规	会议录音处理须符合《中华人民共和国个人信息保护法》。

6.6 价值评估：用 AI 评判会议成效

问题情景

1 最近团队开会越来越频繁，但每次会后执行效果都很差，大家好像根本没理解会议结论，怎么办？

2 问题可能出在会议成效评估上。有效的评判标准能帮助团队明确"会议是否达成目标"，例如用"行动项完成率""决策执行偏差度"量化结果，避免无效会议。

3 跨部门会议尤其混乱，明明讨论了两小时，最后各方对结论的理解不一致，责任也不清晰。

4 这是因为缺乏"会议成效追踪机制"。例如用"会前目标对齐表"明确议题优先级，会后生成"责任矩阵"标注负责人和截止时间，下次复盘时直接对照数据，减少扯皮。

5 高层总质疑我们开会是浪费时间，但如何证明会议的价值？

6 需要建立"会议 ROI 评估体系"。例如计算会议成本（时间 × 薪资）与产出（达成的关键决策价值），用数据证明会议对业务的实际影响。

AI 提问框架

通用公式 = 会议背景 + 评估痛点 + 分析需求

会议背景

描述会议类型、参与方、核心目标及历史数据，帮助 AI 理解会议场景的特殊性，如高管会议侧重决策质量。

提问要素
- **会议性质**：如战略决策会、项目复盘会、日常站会。
- **参与角色**：如高管、跨部门代表、执行层。
- **核心议题**：如制定 Q4 营销预算，解决客户交付延迟问题。
- **历史成效数据**：如过往同类会议的目标达成率、执行偏差度。

评估痛点

明确当前会议成效评判中存在的具体问题，将"会议效果差"转化为可优化维度，如跨部门会议的决策执行偏差度达 40%。

提问要素
- **指标模糊**：如无法量化会议对业务的实际影响。
- **数据分散**：如行动项记录在多个文档，难以追踪。
- **反馈延迟**：如会后两周才发现执行方向错误。
- **主观偏差**：如不同部门对会议结论的理解不一致。

分析需求

说明需要 AI 提供的评估模型或解决方案，将抽象需求转化为 AI 可执行任务，如分析过去 3 个月会议时长与决策价值的相关性并提出优化建议。

提问要素
- **评估模型设计**：如设计会议 ROI 计算公式。
- **决策支持输出**：如生成可视化报告，对比历史会议成效。

准备资料

要点	内容
会议基础资料	会议议程、录音/录像、原始纪要、行动项追踪表等。
成效关联数据	会议决策对应的业务结果（如销售额变化、项目进度），执行层反馈（如任务完成率、障碍点记录）等。
外部参考模板	行业会议评估标准、竞品会议管理案例等。
评估目标定义	管理者对会议的核心期待（如缩短决策周期、减少重复会议）等。

第 **7** 章

AI+培养发展员工

团队成员的培养发展是团队持续进步的关键。AI 在人才培养方面具有独特的优势，它可以规划职业发展通道，为员工指明发展方向；构建人才培养机制，提供系统的培养方案；制定能力培养清单，有针对性地提升员工的能力；编写培训课程教案，提高培训质量；助力员工成长之路，提供个性化的生涯规划；制定成长评价量表，客观评估员工的成长情况。在本章中，我们将详细介绍 AI 在团队成员培养发展中的应用。

7.1 职业路径：用 AI 规划职业发展通道

问题情景

1 团队里核心员工的流动率越来越高，尤其是技术骨干；明明薪资不低，为什么留不住人？

2 薪资只是保健因素，职业发展才是激励的核心。员工需要看到清晰的晋升通道，例如技术专家和管理双轨制，否则容易陷入"升职即转岗"的错配陷阱。

3 我们设计了职级体系，但员工反馈晋升标准模糊，例如高级工程师升专家需要什么条件？

4 职业路径必须透明化。例如明确每个职级的"硬指标"（例如主导 3 个重大项目）和"软技能"（例如跨部门协作能力），并设置里程碑式的能力认证节点。

5 有些员工能力很强，但因团队架构限制无法为其提供对应岗位，怎么办？

6 可以采用"岗位 + 项目"双通道机制。例如允许资深工程师横向担任重点项目的负责人，给予决策权与奖金包，既保留技术深度又拓展管理经验，为未来晋升蓄力。

AI 提问框架

通用公式 = 团队画像 + 发展痛点 + 规划需求

团队画像 →

描述团队的人员结构、业务方向及现有职业发展体系，帮助 AI 理解企业人才储备与战略目标的匹配度。

提问要素
- 人员构成：如职级分布、关键人才名单。
- 业务战略：如未来 3 年重点拓展的领域。
- 现有机制：如晋升标准、培训资源、岗位空缺预测。

发展痛点 →

阐明当前职业路径规划中的具体问题及负面影响，将模糊的"发展问题"转化为可量化的改进方向。

提问要素
- 流失数据：如技术岗 2 年内流失率 35%。
- 能力断层：如数据分析岗中级人才缺口有 50%。
- 需求错位：如员工期望转岗，但现有体系无适配通道。

规划需求 →

说明需要 AI 实现的职业路径优化功能及输出标准，将需求转化为 AI 任务，如生成技术序列与管理序列的能力对照表。

提问要素
- 通道设计：如双轨制模型、横向轮岗规则。
- 能力建模：如关键岗位的胜任力雷达图。
- 动态适配：如根据业务变化自动调整晋升条件。

准备资料

要点	内容
员工档案	职级信息、绩效记录、个人发展意向调研表等。
岗位体系	现有职级说明书、晋升评审规则、岗位空缺预测表等。
行业对标	同行业典型岗位的职业路径案例、薪酬带宽数据等。
战略规划	未来 3 年业务方向、技术 / 管理类人才需求数量等。

实战案例

团队画像

我是某跨境电商公司的技术总监，管理一支 50 人的团队。公司未来 3 年重点布局 AI 推荐算法和跨境物流系统，但目前职业发展体系存在一些问题。

发展痛点

员工职业发展上的痛点

1. 晋升天花板：
   - 近一年有 5 名 P8 工程师因无法晋升而离职，其中 3 人加入竞争公司后获得 P9 职级；
   - 现有晋升标准仅考核代码贡献度，忽视架构设计能力。
2. 管理能力断层：
   - 新晋技术经理的团队满意度评分仅为 65 分（满分 100 分），主要扣分项为任务分配不均、沟通效率低；
   - 85% 的技术经理未接受过预算管理、跨部门谈判等必修课程的培训。
3. 业务适配滞后：如 AI 算法团队要求新增"机器学习模型合规性评审"能力，但职级标准未同步更新。

规划需求

请帮我

1. 设计双通道模型：
   - 技术序列增设 P9 职级，明确"主导过 1000 万级以上用户规模的算法落地项目"等硬性标准；
   - 管理序列新增"预备技术经理"过渡岗，要求完成"技术方案成本评估""冲突调解模拟"等 6 项认证。
2. 构建动态能力地图：抓取行业头部公司 AI 算法岗的招聘 JD，提炼 10 项高频能力要求并匹配课程。
3. 生成个性化职业发展方案：对 P7 以上工程师进行潜力评估，推荐"深度技术"或"转岗管理"建议，并关联学习清单。

注意事项

要点	内容
动态校准	每半年用 AI 分析晋升通过率与离职率的关联性，调整职级标准。当业务方向调整时，立即触发岗位能力模型重评估。
人性平衡	AI 推荐的发展路径需由人工调整。
缓冲地带	技术 / 管理双通道转换设置 1 年"冷冻期"，避免因频繁切换损耗效率。

7.2 人才引擎：用 AI 构建人才培养机制

问题情景

1 团队最近项目交付总延期，新人上手速度太慢，老员工又疲于救火，怎么破这个死循环？

2 这是典型的人才培养断层。必须建立"阶梯式赋能体系"，例如让资深员工带教新人时，运用"任务拆解 + 反馈模板"标准化经验传递，同时设计晋升通道激励老员工。

3 但我们的业务变化快，培训内容半年就过时了，怎么让培养机制跟上节奏？

4 需要动态能力模型。例如每季度根据战略调整岗位能力地图，用"技能雷达图"量化成员的差距，再匹配实战项目（例如让数据分析能力弱的员工主导一次用户画像项目），加速能力迭代。

5 有些员工觉得自己在"打杂"，看不到成长路径就离职，怎么留住人？

6 关键在于个性化发展设计。可以帮员工梳理优势、兴趣与业务需求的交集点，制定"6个月能力跃迁计划"，让成长路径可视化。

AI 提问框架

通用公式 = 人才情境 + 培养痛点 + 分析需求

描述团队的人员结构、业务目标及能力现状，帮助 AI 识别人才培养与业务目标的关联性，如新业务需要多少具备 AI 技能的员工。

人才情境

提问要素
- **团队构成：** 如新老员工比例、关键岗位空缺率。
- **业务战略：** 如未来半年要开拓 AI 客服新业务。
- **能力数据：** 如绩效评估结果、技能认证通过率。

明确当前人才培养机制中的具体缺陷，将模糊的"培养效果差"转化为可优化指标，如新员工独立上手周期从 3 个月缩短至 6 周。

培养痛点

提问要素
- **标准化缺失：** 如师徒制依赖个人经验，无系统化带教流程。
- **供需错位：** 如培训内容与实战需求脱节。
- **激励不足：** 如员工认为培训对晋升无实质帮助。
- **追踪失效：** 如无法量化培训后的能力提升效果。

说明需要 AI 提供的解决方案类型，将需求转化为 AI 可执行任务。如分析销售团队的业务录音，将前 10% 员工的沟通模式生成培训案例库。

分析需求

提问要素
- **模型构建：** 如设计岗位能力矩阵、员工发展路径图。
- **数据挖掘：** 如从绩效数据中识别高潜员工的特征。
- **方案生成：** 如推荐个性化学习清单、模拟培训投入产出比。

准备资料

要点	内容
团队人才数据	员工档案（司龄、绩效、技能证书）、离职原因分析报告等。
业务需求文档	未来 1~2 年战略规划、新增岗位职责说明书等。
培训历史记录	过往培训课程表、参与率、效果评估表等。
行业对标信息	同行业人才培养案例、前沿学习技术等。
资源约束条件	预算范围、可投入的培训时间上限等。

实战案例

人才情境 → 我是某跨境电商公司的运营总监，管理一支 25 人的团队（5 年以上的老员工 8 人，1 年内新人 12 人，其他为中层），负责欧美市场的店铺运营。公司计划下半年上线直播带货业务，要培养 10 名具备直播策划、数据分析、跨时区沟通能力的复合型人才。

培养痛点 →

当前在人才培养上的痛点

1. 能力断层严重：如直播需要的"实时数据调优"能力，仅 2 名员工达标。
2. 培养资源浪费：如购买的 30 门线上课程，完课率仅为 35%。
3. 成长路径模糊：员工不清楚晋升标准等。

分析需求 →

请帮我

1. 构建能力模型：
   - 根据直播业务目标，拆解"金牌直播运营"须具备的 6 项核心能力（如实时互动、多平台流量分析），并设计测评工具；
   - 对比现有团队能力差距，标记应优先补足的 3 项技能。
2. 设计培养方案：
   - 推荐"721 模型"下的混合学习计划（70% 实战项目 +20% 导师辅导 +10% 课程）；
   - 为老员工定制"新旧技能嫁接"项目（如将货品经验转化为直播选品 SOP）。
3. 模拟投入产出：计算不同培养路径的成本（如线上或线下）与预期收益（如直播间转化率提升对 GMV 的贡献）。

注意事项

要点	内容
数据真实性	员工能力数据须定期校准（如避免"证书多但实战弱"的失真评价）。
隐私保护	员工个人信息（如绩效排名）须脱敏处理。
灵活性适配	AI 生成的标准化方案须保留调整空间。
人性化平衡	避免过度依赖数据而忽视员工的主观诉求。
效果追踪	设定 3 个月、6 个月的培养效果复盘节点，根据业务变化动态优化模型。

7.3　能力提升：用 AI 制定能力培养清单

问题情景

1　团队最近接了两个新项目，但交付质量总不达标，明明培训没少做，为什么员工能力还是跟不上？

2　培训资源要用在刀刃上。例如先通过"能力—任务匹配度分析"，找到员工技能与项目要求的缺口，再有针对性地设计培养清单，避免撒网式培训。

3　我们做了年度培训计划，但员工反馈学的内容用不上，例如数据岗学了太多的 PPT 技巧。

4　这说明培训的设计脱离业务需求。能力培养清单必须基于岗位胜任力模型，例如数据岗的核心能力是 SQL 优化、可视化工具应用，而非通用办公技能。

5　有些员工学得快但用不起来，怎么解决"培训转化率低"的问题？

6　需要加入"实战牵引"机制。例如将培训拆解为"学—练—考—用"四个阶段，每个阶段设置项目实战任务（如用新学的 Python 优化数据清洗脚本），并关联绩效考核。

AI 提问框架

通用公式 = 团队定位 + 能力缺口 + 培养需求

描述团队的业务目标、人员结构及现有能力基础，帮助 AI 理解能力培养的靶向目标，避免"一刀切"的方案。

团队定位

提问要素

- **业务场景**：如跨境电商客服团队。
- **战略重点**：如未来半年上线智能客服系统。
- **人员构成**：如职级分布、关键岗位名单。
- **现有资源**：如已完成的培训课程、认证证书持有率。

明确当前员工能力与业务需求之间的具体差距，将模糊的"能力不足"转化为可改进的维度。

能力缺口

提问要素

- **缺口类型**：如技术硬技能不足、协作软技能缺失。
- **量化指标**：如 50% 的客服无法处理跨境退换货纠纷。
- **影响评估**：如导致客户满意度下降 15%。

说明需要 AI 输出的能力培养方案及落地标准，将需求转化为 AI 任务。如生成数据工程师的 Python 自动化技能提升计划，包含学习资料、实战案例及考核标准。

培养需求

提问要素

- **清单结构**：如技能分类（技术 / 业务 / 管理）+ 优先级 + 学习路径。
- **资源匹配**：如推荐内部导师名单。
- **效果验证**：如设计能力测评题库。

准备资料

要点	内容
岗位能力模型	各岗位的胜任力说明书、绩效考核标准等。
业务目标文件	季度 / 年度 KPI、重点项目任务书等。
能力评估数据	员工技能测评结果、历史培训完成率及效果反馈等。
资源清单	现有课程库、外部合作机构、培训预算明细等。

实战案例

团队定位

我是某智能家居公司的客服总监,管理一支 30 人的团队(售后技术支持 15 人、产品咨询 10 人、VIP 客户经理 5 人),负责处理安装调试、故障维修及客户投诉。公司计划在 Q4 上线 AI 语音助手,要求客服团队新增"产品语音交互逻辑调试"等能力。

能力缺口

当前的问题

1. 技术能力不足。

· 仅 20% 的售后人员能独立处理 IoT(物联网)设备联网故障,平均解决时长长达 2 小时(行业标准为 45 分钟),导致客户投诉率增加 18%;

· 90% 的客服未接触过 NLP(自然语言处理)基础概念,无法理解 AI 语音助手的训练原理。

2. 数据分析短板。

· VIP 客户经理的 Excel 技能仅满足基础表格处理,无法完成客户行为聚类分析(如从 1000 条语音反馈中提炼高频需求);

· 现有培训以与顾客的沟通演练为主,近半年仅安排 1 次 Python 入门课程,完课率不足 30%。

培养需求

请帮我

1. 生成岗位能力清单:

按岗位拆分能力项,标注紧缺程度(1~5 级),并为我关联和推荐学习资源。

2. 设计分层培养方案:

对能力缺口 3 级以上的员工,制定"90 天冲刺计划"(前 30 天线上学习、中间 30 天导师带教、后 30 天实战项目);对 VIP 客户经理推荐"Python 数据分析速成路径"。

注意事项

要点	内容
数据真实性校准	AI 依赖的技能测评数据可能存在主观偏差(如员工自评分数虚高),须结合项目实战结果交叉验证。
个性化适配	AI 生成的标准化方案须预留调整空间。
效果追踪机制	每季度用 AI 重新扫描能力缺口,动态更新培养清单。
成本控制	优先激活内部资源(如技术总监开发实战案例库),减少外部采购依赖。

7.4 课程设计：用 AI 编写培训课程教案

问题情景

1 最近新员工的培训周期太长，原本计划 3 周上岗，现在拖到 2 个月还有人无法独立操作，怎么办？

2 这说明课程设计脱离实战。例如产品知识培训占比 80%，但在实际工作中 70% 的问题源于跨部门协作。必须重构课程结构，把"如何推动技术部门加急处理客户需求"这类场景融入教案。

3 老员工也反馈培训内容重复。例如销售沟通课程年年讲，但转化率没提升。

4 课程需要分层设计。对新人侧重流程标准化（例如客户需求登记模板），对老员工则提供高阶策略（例如利用数据挖掘高净值客户），避免"一刀切"浪费资源。

5 业务变化太快，去年设计的课程今年就过时，怎么解决时效性问题？

6 建立动态更新机制。例如每月收集一线员工的 20 个高频问题，转化为案例库，再按季度迭代课程，确保内容与业务痛点同步。

AI 提问框架

通用公式 = 培训情境 + 课程痛点 + 设计需求

描述团队培训目标、受众特征及现有课程体系，让 AI 理解课程需要解决的具体业务问题，如针对海外市场设计跨文化沟通课程。

培训情境

提问要素

- **培训对象：**如新员工、管理层、技术岗。
- **业务目标：**如 3 个月内将客服响应速度提升 30%。
- **现有资源：**如历史课程目录、讲师团队能力。
- **时间限制：**如在 2 周内完成课程开发。

明确当前课程内容设计中的具体问题及负面影响，将模糊的"课程质量差"转化为可量化改进点。

课程痛点

提问要素

- **内容脱节：**如课程案例与当前产品功能不符。
- **参与度低：**如培训完课率不足 50%。
- **效果缺失：**如员工应用课程知识后业绩无变化。
- **更新滞后：**如课程版本仍基于 3 年前的管理流程。

说明需要 AI 生成的课程设计功能及交付标准，将需求转化为 AI 任务。如根据近半年客户投诉数据，生成 5 个售后危机处理案例。

设计需求

提问要素

- **内容类型：**如情景模拟、工具实操、案例拆解。
- **数据支持：**如引用内部工单数据、外部行业报告。
- **交付形式：**如短视频、互动测试、任务清单。
- **评估机制：**如课后测试题、行为改变追踪指标。

准备资料

要点	内容
岗位能力模型	各岗位的核心技能清单、胜任力评估报告等。
业务痛点数据	近 3 个月高频问题工单、项目复盘中的失败案例等。
员工学习反馈	过往培训满意度调查、课程建议收集表等。
行业标杆案例	同行业公开课程大纲、前沿培训形式（如游戏化学习）等。

实战案例

培训情境

我是某跨境电商公司的培训经理，负责 200 名海外仓运营人员的技能提升。公司计划在半年内将订单处理时效从 24 小时压缩至 12 小时，但现有课程体系存在以下问题。

1. 当前课程仍以传统仓储管理为主（如货架编号规则），未覆盖智能分拣系统操作。

2. 员工反馈 60% 的课程内容与实际工作无关。

3. 新员工上岗后 3 个月内出错率高达 25%，主要问题集中在跨部门协同（如与物流组数据对接）。

课程痛点

课程内容存在的问题

1. 内容滞后性：智能分拣系统已上线半年，但培训仍用旧版操作手册，导致员工要额外花 1 个月跟岗学习。

2. 形式单一：90% 的课程为 PPT 讲解，完课率从 Q1 的 70% 降至 Q2 的 45%。

3. 效果难追踪：如培训后 3 个月内，分拣错误率仅下降 3%（目标为 15%）。

设计需求

请帮我

1. 按岗位层级重构课程框架：

·新人侧重"系统操作 + 异常处理 SOP"；

·资深员工增加"数据驱动决策"模块。

2. 生成实战内容：抓取近半年 200 条分拣错误日志，提炼前 5 个问题场景，转化为互动模拟任务。

注意事项

要点	内容
内容准确性校验	AI 生成的工具操作步骤须与 IT 部门确认。
学习体验适配	根据员工设备条件调整交付形式（如网络差的地区提供文字版速查手册）。
动态更新机制	设置课程版本号，每次业务流程变更后让 AI 对课程内容重新设计。
合规与版权	AI 引用的外部案例要注明来源，避免侵权风险。涉及公司敏感数据（如客户信息）的课程仅限内网访问。

7.5 生涯规划：用 AI 助力员工成长之路

问题情景

1 团队里有好几个核心员工提了离职，都说"看不到发展空间"，但公司明明有晋升制度，问题到底出在哪儿？

2 晋升制度不等于生涯规划。员工需要的是清晰的成长路径，例如技术岗从"执行者"到"架构师"需要哪些能力跃迁，每个阶段对应哪些资源支持，而不仅是职级和薪资变化。

3 但我们的业务方向调整频繁，员工的能力模型总在变化，怎么规划长期路径？

4 动态规划才是关键。例如每季度结合业务战略，让员工梳理个人目标与公司需求的交集，再拆解为季度能力提升清单，让短期培训与长期发展挂钩。

5 有些员工自驱力弱，总抱怨"公司没给机会"，怎么激发他们的主动性？

6 被动等待会加剧矛盾。可建立"能力—机会"匹配机制，例如将业务攻坚项目与员工的兴趣标签关联，员工申请通过后获得专属培养资源，把"公司要我学"转化为"我要争取学"。

AI 提问框架

通用公式 = 员工画像 + 业务需求 + 规划目标

员工画像

描述员工的现有能力、职业诉求及发展潜力，帮助 AI 建立员工多维能力模型，如识别擅长数据分析但缺乏业务视角的技术骨干。

提问要素

· **基础数据**：如司龄、绩效结果、技能证书、项目经历。

· **主观诉求**：如职业兴趣测评结果、个人发展目标。

· **潜力评估**：如学习能力、跨领域适应性、抗压能力等软性指标。

业务需求

明确团队未来 1~3 年战略对人才能力的要求，将业务目标转化为具体的岗位能力标准。

提问要素

· **战略方向**：如拓展 AI 客服业务。

· **能力缺口**：如当前团队缺失的核心能力。

· **资源约束**：如可用于培养的预算、时间、导师资源上限。

规划目标

说明需要 AI 生成的生涯规划方案类型，将抽象需求转化为可落地的 AI 任务。如为 5 名高潜员工生成个性化学习路线图，并估算其晋升成功率。

提问要素

· **路径设计**：如技术专家转向产品经理的 5 个能力过渡节点。

· **资源匹配**：如推荐内外部培训课程、实战项目、导师人选。

· **风险预判**：如预测员工转型失败的概率及备选方案。

准备资料

要点	内容
员工档案	包括绩效评估、360 度反馈、职业倾向测评报告等。
业务规划文档	未来战略目标、新业务岗位说明书、技术迭代计划等。
培训资源库	现有课程目录、合作培训机构清单、内部专家名单等。
行业对标案例	同类公司员工发展路径设计（如华为"之"字型成长模型）。

实战案例

员工画像

我是某跨境电商公司的 HRBP，负责支持 50 人规模的东南亚市场运营团队。员工构成复杂：30% 为 3 年以上老员工（熟悉本地化运营但缺乏数字化工具使用能力）；40% 为 1 年内新人（擅长 TikTok 营销但缺乏供应链经验）；剩余的为中层管理者（90% 从内部提拔，未接受系统管理培训）。

近期调研显示

65% 的员工认为"学习资源与业务需求脱节"。

公司计划未来 12 个月实现

业务需求

1. 在印尼、菲律宾新建 3 个本土仓库，需要培养 5 名精通本地合规、物流调度的供应链经理。
2. 将直播带货 GMV 占比从 15% 提升至 40%，要求运营团队掌握多平台流量分发、多语种直播等技能。
3. 推行"管理岗轮值制"，每季度由不同主管带领攻坚项目，以提升中层人员的跨部门协作能力。

请协助我

规划目标

1. 能力对齐：对比现有员工能力与目标岗位需求，生成 10 名高潜员工的"能力迁移可行性报告"。
   识别直播业务急需的 3 项能力缺口（如小语种互动沟通模板设计），并推荐匹配的课程清单。
2. 路径设计：设计"轮值管理能力评估模型"，包括冲突解决、资源协调等指标的提升方案。

注意事项

要点	内容
隐私保护	员工个人信息（如绩效排名）须脱敏处理。
动态迭代	每季度更新员工能力数据，避免路径规划与业务脱节。
人性化平衡	AI 推荐的学习强度须考虑员工的承受力。
效果追踪	设定阶段性验收指标（如 3 个月内完成直播技巧认证），及时调整规划路径。

7.6 能力评估：用 AI 制定成长评价量表

问题情景

1 最近团队里员工的表现参差不齐，有人效率超高，有人却连基础任务都拖延，但具体差距在哪，我总觉得说不清楚。

2 这说明你缺乏系统化的能力评估体系。有效的成长评价量表能拆解岗位的核心能力，例如"需求分析准确率""跨部门沟通效率"，把模糊的"表现差"转化为"需求理解偏差率高于 30%"这样的可改进指标。

3 晋升选拔时也让人头疼，例如候选人 A 擅长技术但沟通弱，候选人 B 业务强但学习速度慢，怎么公平判断？

4 这正是量表的价值——通过权重分配明确优先级。例如技术岗的"代码质量""故障解决速度"占 70% 权重，而"文档撰写能力"占 30%，量化后对比更客观。

5 有些员工总抱怨培训没效果，但问题到底出在课程还是个人投入度？

6 量表需要包含"能力提升轨迹"追踪。例如对比培训前后"数据分析报告通过率"，若从 60% 提升到 75% 就说明课程有效；若不变，则需要调整培训方式或排查员工的执行力。

AI 提问框架

通用公式 = 岗位定位 + 评估目标 + 输出需求

岗位定位

明确待评估岗位的核心职责、能力要求及业务场景，锚定能力评估的基准线，避免通用量表与业务脱节。

提问要素

- 岗位类型：如销售、研发、客服。
- 业务目标：如提升客户复购率、缩短产品交付周期。
- 能力模型：如市场洞察、编程能力、客户关系维护。
- 团队现状：如人员流动率、历史晋升数据。

评估目标

说明需要解决的评估痛点或期望达成的管理目标，将抽象需求转化为具体任务。

提问要素

- 评估场景：如晋升选拔、培训效果验证、人才盘点。
- 量化问题：如 30% 的员工因沟通问题导致项目返工。
- 优先级需求：如重点评估技术岗的代码规范与创新意识。

输出需求

要求 AI 输出的量表形式及落地支持，确保输出结果可直接用于管理决策。如生成销售岗位能力评估表，包含客单价提升贡献度、客户流失预警敏感度等 10 个维度及数据采集模板。

提问要素

- 量表结构：如能力维度 + 评分标准 + 数据采集方式。
- 动态调整：如每季度根据业务变化更新权重。
- 配套工具：如自动生成个人能力雷达图。

准备资料

要点	内容
岗位说明书	各岗位的职责清单、胜任力模型等。
绩效数据	近一年 KPI 完成率、项目复盘报告中的能力短板总结等。
员工档案	培训记录、360 度评估结果、晋升答辩评分表等。
行业对标	同岗位招聘 JD 中的能力要求、薪酬报告中的技能溢价数据等。

实战案例

岗位定位

我是某电商公司的客服团队负责人，管理一支 50 人的团队（售前咨询 20 人、售后支持 25 人、VIP 客户服务 5 人）。当前的核心业务是保障"双 11"期间咨询响应率 ≥ 95%、投诉解决时长 ≤ 4 小时。团队能力模型包括"产品知识熟练度""情绪管理"等。

当前存在的评估痛点

1. 能力差距模糊：
- 售后团队 30% 的客诉原因为"问题归类错误"；
- VIP 客服的"需求预判能力"无明确标准，大客户续约率波动高达 20%。

2. 新人培养低效：新人上岗 3 个月后"咨询转化率"仍比老员工低 40%，当前仅用"接单量"考核，导致员工为冲量敷衍复杂问题。

3. 晋升争议：上次晋升中有 2 人因"逻辑思维"评分差 0.5 分而落选，但该维度缺乏案例举证标准，引发内部质疑。

评估目标

请帮我

1. 生成售后岗位能力量表如下。
- 维度须包含"故障类型识别准确率""解决方案复用率"（参考历史工单数据），并设定阈值（如准确率 ≥ 90% 为达标）；
- 设计工单抽样检查规则。

2. 开发新人评估工具如下。针对上岗 3 个月内的新人，设计"模拟客诉处理测试"，按反应速度、解决步骤合理性生成打分量表。

3. 构建优化晋升评分体系：提供举证案例库。

输出需求

注意事项

要点	内容
数据校准	AI 依赖的绩效数据可能包含偶发因素，须人工剔除数据噪点。
动态迭代	业务变化时，须重新调整量表维度（如增加"实时互动控场能力"），每季度根据量表结果反向优化 AI 训练数据。
人性化补充	AI 可能忽略"软性能力"（如团队协作意愿），须结合管理者观察手动加权。
成本控制	优先采用内部可采集的数据，减少外部调研成本。

第 **8** 章

AI+市场销售型团队管理

对于市场销售型团队来说，把握市场机遇、提升销售业绩是核心目标。AI在市场销售型团队管理中发挥着重要作用。它可以捕捉市场机遇，让团队及时了解市场动态；揭秘竞争对手的策略，制定更有针对性的营销方案；打造营销制胜之道，提高营销效果；做营销费用精算分析，合理控制成本；制定业绩激励方案，激发销售人员的积极性；激发内部竞争活力，推动团队不断前进。接下来，让我们一同探索 AI 如何助力市场销售型团队管理。

8.1 市场洞察：用 AI 捕捉市场机遇

问题情景

1 最近团队明明增加了 20% 的销售人员，但季度营收反而下滑了 5%。竞品推出了低端产品线，抢走了我们的大量中小客户，该怎么应对？

2 这说明市场洞察滞后。例如竞品半年前就开始布局下沉市场，而你们还在固守高端客户。必须建立动态市场监测机制，通过客户分层和需求变化预测，提前调整产品策略。

3 我们也做了市场调研，但数据分散在各地业务员的手里，汇总分析效率太低。

4 调研数据只是基础，关键在于提炼有效信号。例如某区域客户突然大量询问"分期付款"，可能预示消费降级；某品类退货率上升但竞品未受影响，可能反映产品质量或定价问题。要训练团队从碎片信息中抓关键变量。

5 领导层总要求快速试错，但资源有限，如何判断哪些机会值得投入？

6 用"机会—能力"矩阵评估。将市场机会按潜力和团队匹配度分为四个象限，优先攻坚"高潜力—高匹配"领域。例如直播带货虽是趋势，但若团队缺乏内容基因，不如先深耕线下渠道优化。

AI 提问框架

通用公式 = 市场环境 + 业务痛点 + 策略需求

市场环境

描述团队所在行业、客户结构及竞争格局的现状与趋势，为 AI 划定分析边界。

提问要素
- 行业特征：如消费电子品类的技术迭代周期。
- 客户画像：如年龄、区域、消费习惯分层。
- 竞品动态：如新品发布节奏、渠道策略变化。
- 政策 / 技术变量：如环保法规升级、AI 技术应用。

业务痛点

明确团队在市场竞争中的具体瓶颈或目标缺口，将模糊的"市场反应慢"转化为可量化任务。如竞品上市 3 天内铺货率达 60%，我方仅为 25%。

提问要素
- 显性指标：如客户流失率、毛利率。
- 隐性问题：如客户需求变化未被及时捕捉。
- 资源冲突：如预算有限的情况下，新老市场投入矛盾。

策略需求

说明需要 AI 输出的决策支持类型及落地标准，将需求转化为 AI 可执行指令。如识别 5 个高潜力细分市场，测算其所需销售人力配置。

提问要素
- 分析维度：如客户细分、价格敏感度测试。
- 数据要求：如融合电商平台评论、线下门店工单。
- 交付成果：如优先级排序清单、风险收益模拟报告。

准备资料

要点	内容
客户数据	历史订单记录、客服工单关键词、客户满意度调研等。
竞品情报	公开财报数据、社交媒体营销动作、渠道合作政策等。
内部运营数据	各区域销售转化率、库存周转周期、促销活动 ROI 等。
行业趋势报告	权威机构发布的品类增长预测、技术应用白皮书等。

实战案例

市场环境

我是某快消品公司的华南大区经理，管理一支 30 人的销售团队，负责商超、便利店渠道的洗护用品铺货。当前市场环境如下。
1. 核心品类（750ml 家庭装洗发水）近半年销售额同比下滑 12%，而竞品通过"买大瓶送旅行装"策略实现 8% 的增长。
2. 便利店渠道出现新变量：年轻消费者偏好 200ml 便携装，但公司生产线尚未适配小规格包装。
3. 政策层面，广州推行"塑料包装减量 30%"新规，现有瓶身设计可能面临整改成本。

业务痛点

当前业务痛点
1. 竞品压制：竞品在便利店渠道的 SKU 数量比我方多 40%，且每月更新 2~3 款联名包装。
2. 需求错位：30% 的线下促销资源浪费在低效门店（日均客流量 <100 人）。
3. 资源冲突：领导要求下半年重点拓展社区团购，但现有团队中仅 3 人具备社群运营经验。

策略需求

请帮我
1. 机会挖掘：
· 分析华南各城市便利店的消费数据，识别 3 个高潜力细分市场；
· 根据现有生产线条件，推荐最快落地的包装改进方案。
2. 竞品反制：对比竞品近半年促销活动 ROI，提炼其核心策略，设计 3 种差异化方案。
3. 资源分配：建立"市场优先级—团队能力"矩阵，确定社区团购拓展的阶段性目标（如首月聚焦 5 个试点小区）。

注意事项

要点	内容
策略弹性	AI 生成的方案须保留 20% 的灵活预算，以应对突发政策变化。
地域差异	不同市场有不同的特点。
合规边界	AI 建议的激进策略须评估行业监管红线与规避法律风险。
迭代验证	每月对比 AI 预测与实际市场变化，修正分析模型参数。

8.2 竞品分析：用 AI 揭秘竞争对手策略

问题情景

1 最近我们的市场份额被竞品抢走了 15%，但团队连对手的核心策略都摸不透，该怎么反击？

2 这说明你们的竞品分析停留在表面。有效的分析要拆解对手的"策略逻辑"——例如他们如何定价、渠道如何分层、客户触点布局规律，而不仅是抄促销活动。

3 但竞品动作太快，上周刚上线新功能，下周又推出联名款，我们根本跟不上节奏。

4 动态跟踪才是关键。例如通过客户访谈、渠道商反馈、公开数据抓取，归纳对手的"策略组合规律"，例如"每月第一周推新品 + 第三周降价清库存"，提前预判其动作。

5 我们试过分析竞品的广告，但投放了类似素材后效果却差一倍，问题出在哪儿？

6 单点模仿没有效果，得看策略的协同性。例如竞品可能在抖音主攻"情感共鸣短视频"引流，再通过私域社群发券转化，而你们只复制了广告词，却忽略了流量承接链路的设计。

AI 提问框架

通用公式 = 业务定位 + 竞品焦点 + 策略需求

明确自身团队的市场定位、核心优势及分析边界，帮助 AI 锁定分析范围，避免泛泛对比。

业务定位

提问要素
- **市场角色**：如行业地位、主力产品线。
- **目标客户**：如细分客群（高端商务人群、下沉市场家庭用户）。
- **资源能力**：如渠道覆盖密度、供应链响应速度、数据采集能力。

明确需要重点研究的竞品类型及分析维度，聚焦分析深度。如针对直接竞品须拆解其爆款产品的用户评价关键词，替代竞品则须研究需求迁移路径。

竞品焦点

提问要素
- **竞品类型**：如直接竞品、替代竞品、潜在竞品。
- **分析维度**：如产品策略、价格体系、渠道布局。
- **数据来源**：如社交媒体声量、招聘信息、行业白皮书。

说明需要 AI 输出的策略建议类型及落地标准，将分析结论转化为可落地的战术。如将"竞品私域转化率高"转化为"优化社群分层运营 SOP 增加一对一专属顾问"。

策略需求

提问要素
- **分析模型**：如 4P（产品、价格、渠道、促销）、波特五力。
- **决策支持**：如预测竞品下季度促销节点。
- **验证要求**：如提供近 3 年同类策略的成功率数据。

准备资料

要点	内容
竞品基础档案	竞品官网、产品手册、财报摘要、小程序功能截图等。
市场动态数据	行业报告、第三方平台销售排名、客户调研中的竞品提及率等。
内部运营记录	销售沟通库、促销活动 ROI 数据、渠道商反馈的竞品政策等。
竞品公开动作	社交媒体内容（广告素材、用户互动）、招聘岗位描述（技术投入方向）、专利／软著申请记录等。

实战案例

业务定位

我是某国产智能家居品牌华南区销售总监，负责线下经销商体系。主营产品为千元价位的智能门锁、扫地机器人，核心优势是安装、售后响应快（承诺 24 小时上门）。

竞品焦点

当前的问题

1. 定价狙击：
   - 竞品 A 促销期间将同配置门锁降至 899 元（原价 1299 元），导致我方当月销量下滑 40%。
   - 竞品 B 推出"旧家电折价换新"活动，扫地机器人以旧换新后仅需 699 元（我方同类产品最低 899 元）。
2. 渠道蚕食：
   - 竞品 C 与某卖场签订排他协议，我方被迫退出 15 家核心门店。
   - 竞品 D 在抖音布局"探店直播"，引导用户到线下体验店核销优惠券，单场直播引流超 500 人，而我方仍依赖传统地推。
3. 产品创新：竞品 E 上新支持声纹识别的门锁，社交媒体话题量超 100 万次，而我方研发周期需 6 个月以上，难以快速跟进。

策略需求

请帮我

1. 竞品策略拆解：
   - 分析竞品 A/B 的定价规律，预测其下一轮促销时间及幅度；
   - 对比竞品 C/D 的渠道政策，提炼其"门店分级管理标准"。
2. 差异化方案设计：基于我方售后优势，设计方案，并估算成本与溢价空间。
3. 执行路径规划：制定 3 个月反击计划，首月试点"以旧换新 + 售后升级"，次月联合卖场推出"智能家居动线设计服务"，第三个月上线抖音直播。

注意事项

要点	内容
数据可信度	竞品数据可能含水分（如直播观看量刷单），须结合第三方工具（如蝉妈妈、生意参谋）交叉验证。
合规边界	从公开与合法渠道获得信息，营销对比内容须符合广告法。
动态监控	根据市场反馈快速迭代策略。
成本优化	优先利用现有资源（如经销商门店改造为直播场景），减少硬件投入。分阶段验证策略有效性，避免一次性投入过高预算。

8.3 营销方案：用 AI 打造营销制胜之道

问题情景

1 最近团队推出的促销活动转化率越来越低，市场部反馈预算花了不少，但客户反应平平。问题到底出在哪里？

2 这说明营销方案缺乏精准性。有效的营销方案需要结合客户画像、竞品动态和渠道特点，例如针对高复购客群设计会员专属活动，而非只是促销。

3 我们尝试过模仿竞品的策略，但效果总是不如对方。难道他们的资源比我们强这么多？

4 资源只是基础，关键在于策略的差异化。例如竞品主攻短视频带货，但你们的线下渠道覆盖更广，可以设计"线上领券 + 线下核销"的闭环链路，把优势转化为卖点。

5 团队内部对营销方向分歧很大，有人坚持传统广告，有人要将全部资源投入直播，争论不休怎么办？

6 必须用数据统一认知。例如分析近半年各渠道的 ROI，若直播的客户获取成本比传统广告低 30%，就用数据说服团队聚焦高性价比渠道。

AI 提问框架

通用公式 = 业务场景 + 核心障碍 + 决策需求

业务场景 → 描述营销活动所处的行业环境、团队定位及资源条件，帮助 AI 理解营销动作的约束条件，避免天马行空的建议。

提问要素

· **行业特性**：如快消品高频复购。
· **团队角色**：如区域销售代理、品牌直营团队。
· **资源禀赋**：如预算额度、现有渠道、数据工具。
· **时间范围**：如双 11 大促筹备期。

核心障碍 → 明确当前营销策略中无法突破的关键问题，须量化矛盾点，将模糊的"效果不好"转化为具体问题。

提问要素

· **数据短板**：如无法追踪 30% 线下客户的行为。
· **效果落差**：如广告点击率高于行业均值，但下单转化率低于行业均值的 5%。
· **执行瓶颈**：如活动策划周期长达 2 周，错过热点时效。

决策需求 → 要求 AI 输出解决方案类型及落地要求，将需求转化为 AI 可执行的任务。如将"提升复购率"转化为"分析客户流失前 3 大征兆，并设计定向触达沟通库"。

提问要素

· **分析维度**：如客户分群、渠道对比、内容吸引力诊断。
· **策略方向**：如低成本裂变方案。
· **可行性验证**：如模拟预算 100 万时不同渠道的 ROI。

准备资料

要点	内容
营销历史数据	近一年活动 ROI、客户转化漏斗、各渠道投入产出比等。
客户画像	包括消费频次、客单价、偏好标签等。
竞品情报	对手的主推产品、促销节奏、内容形式等。
业务目标	如 Q4 销售额提升 20%、新客占比达到 35% 等。

实战案例

业务场景 → 我是某家居品牌华南区营销总监，管理一支 8 人的团队（线上运营 3 人、线下活动策划 5 人），负责天猫旗舰店、红星美凯龙门店及微信私域渠道的销售。当前主推新品"智能护眼台灯"，定价 399 元（竞品同类产品均价 350 元），20×× 年双 11 预算为 80 万元。团队每月生产 10 条产品短视频、私域社群覆盖 5 万用户。

核心障碍 →

当前的核心障碍

1. 流量成本过高：天猫直通车点击成本从 2 元涨至 3.5 元，但加购转化率仅为 8%（行业均值为 12%）。

2. 卖点不清晰：客户调研显示，40% 的用户认为"护眼功能"缺乏权威认证（竞品均有眼科医院背书）。

3. 执行效率低下：

· 从选题到发布一条短视频需要 5 天，常错过热点话题；

· 线下活动签单率仅为 10%，但竞品通过"1 元锁定设计服务"可达 25%。

决策需求 →

请帮我

1. 优化流量投放策略：对比小红书素人种草（成本约 5000 元 / 篇）、抖音千川广告（千人成本 30 元）、私域老客裂变（奖励 10 元券）的 ROI，推荐预算分配比例。

2. 重塑产品卖点：根据京东 / 天猫同类商品好评差评关键词，提炼 3 个差异化宣传方向，以及生成"技术原理可视化"的视频脚本。

3. 提速执行流程：设计"热点话题响应 SOP"，将短视频生产周期压缩至 3 天内（含选题、脚本、拍摄），并为线下活动策划"30 秒留客方案"。

注意事项

要点	内容
数据真实性校验	AI 依赖的历史数据要确保准确无误。
合规性审查	AI 生成的方案须规避《广告法》禁用词。裂变活动规则须符合平台政策。
资源匹配度评估	AI 建议的短视频方案若需要专业演员，应评估团队执行能力；优先采用现有工具可降低落地成本。
敏捷测试机制	新策略须小范围测试，再根据数据迭代。

8.4 投资回报：用 AI 做营销费用精算分析

问题情景

1 今年营销预算增加了 30%，但销售额只涨了 5%，钱到底花哪儿才有效？每次开会都争论该投线上还是线下，但谁也拿不出数据支撑。

2 这说明团队缺乏营销费用的精算能力。例如线下活动看似热闹，但人均获客成本可能比线上高 3 倍；而盲目砍预算又会错失机会。必须建立"投入—产出"的动态评估模型，把钱花在刀刃上。

3 我们有数据啊！每月都统计各渠道的点击量和销售额，但分析结果总是滞后，等发现问题时预算已经烧完了。

4 滞后分析等于亡羊补牢。需要实时监控关键指标，例如某区域线下促销 ROI 连续两周低于阈值时，立即调拨资源到高转化渠道。同时要区分"表面热闹"（例如活动参与人数）和"真实价值"（例如复购率提升）。

5 领导总要求"品效合一"，既要品牌曝光又要销量增长，资源根本不够分。

6 这正是精算的价值。用"四象限法则"划分渠道：高曝光高转化的全力投入（例如头部直播）；高曝光低转化的做品牌蓄水（例如地铁广告）；低曝光高转化的定向突破（例如社群裂变）；双低的直接淘汰。用数据证明资源分配逻辑，才能争取领导支持。

AI 提问框架

通用公式 = 业务背景 + 费用痛点 + 精算需求

业务背景

说明团队所处的市场阶段、营销结构及资源约束，让 AI 理解业务特性，避免通用化建议，如奢侈品不宜照搬快消品的补贴策略。

提问要素

· **市场定位**：如高端品牌或大众市场。

· **渠道布局**：如线上 / 线下占比、主要投放平台。

· **预算规模**：如总金额、各项目分配比例。

· **历史基准**：如过往 ROI 均值、最佳实践案例。

费用痛点

明确营销投入与回报失衡的具体表现及影响，将模糊的"效果差"转化为可量化问题，如信息流广告点击率为 2% 但转化率仅为 0.3%。

提问要素

· **低效场景**：如某渠道 CPC（每点击成本）超过行业均值 50%。

· **矛盾冲突**：如品牌部和销售部预算争夺。

· **决策盲区**：如无法量化社交媒体口碑对销量的贡献。

精算需求

指定需要 AI 完成的核算任务及决策支持类型，将需求转化为 AI 指令。如对比抖音与小红书达人投放的 LTV，推荐预算调整比例。

提问要素

· **分析维度**：如渠道 ROI 排名、费用敏感度测试。

· **数据要求**：如须融合 CRM 数据、广告平台后台报表。

· **输出标准**：如按优先级排序的优化方案、风险预警阈值。

准备资料

要点	内容
营销数据	各渠道投放金额、点击率、转化率、客单价等。
客户数据	新客 / 老客占比、复购周期、用户分群标签等。
行业基准	同类产品的 CPC、行业 ROI 平均值等。
资源清单	可用预算上限、团队执行能力（如能否支撑直播带货）等。
战略目标	短期销售 KPI 与长期品牌建设的权重分配。

实战案例

业务背景

我是某智能家居品牌的营销总监，负责管理年预算 5000 万元的营销团队，当前业务背景如下。

1. 产品定位中高端市场，客单价 3000~8000 元，线上渠道占比 60%，线下体验店和经销商合作占 40%。
2. 近半年营销费用分配为信息流广告占比 35%、KOL（关键意见领袖）合作占比 25%、线下活动占比 20%、SEO（搜索引擎优化）、SEM（搜索引擎营销）占比 15%、其他占比 5%。
3. 历史最优 ROI 渠道为京东旗舰店（1:8）、最差为地铁广告（1:1.2）。

费用痛点

当前的营销费用痛点

1. 资源浪费：每月 20 万元线下体验活动经费，带来的销售额不足 50 万元（ROI 1:2.5）。
2. 目标冲突：
· 电商部门要求加大促销折扣（满 5000 减 800），但品牌部反对损害调性；
· 30% 预算用于无法追踪效果的传统广告（如机场灯箱）。

精算需求

请帮我

1. 预算重构：设计"品效平衡"方案，例如用 5% 预算投纪录片植入（品牌向）后再用优惠券追踪销量贡献。
2. 风险管控：模拟价格敏感度：若促销折扣从 15% 收紧至 10%，预测对转化率及毛利润的影响。

注意事项

要点	内容
数据质量	清洗异常数据，统一统计口径。
动态调整	每月更新行业基准数据，避免参考过时标准。设置弹性预算池（10%~15%），用于快速响应突发机会。
人机协同	AI 侧重数据计算，但需由人工判断特殊因素。关键决策要用 AI 报告佐证，减少主观阻力。
合规边界	获取竞品数据的手段和广告投放策略要合法合规。
结果转化	将 AI 输出的专业术语转化为管理层易懂的图表。

8.5 提成设计：用 AI 制定业绩激励方案

问题情景

1 最近团队销售冠军频繁离职，新人也缺乏动力，现有的提成方案好像失效了，该怎么调整？

2 这说明提成设计需要动态适配业务目标。例如，当市场进入存量竞争时，高阶梯提成可能引发内部恶性竞争，而忽略长期客户维护的价值。

3 我们按销售额提成，但业务员只愿推高毛利产品，导致低毛利战略产品滞销，怎么平衡？

4 提成权重设计是关键。例如将战略产品的提成系数提高至 1.5，并设置"完成率达标奖"，引导资源倾斜。同时，须加入客户满意度指标（例如复购率）来约束短期行为。

5 有些区域市场容量小，业务员觉得再努力也拿不到高提成，直接躺平怎么办？

6 必须差异化设计。对成熟市场，提成侧重利润考核；对开拓期市场，增加"新客户开发奖"和"市场渗透率阶梯奖励"，哪怕单量小，也能通过增量激励激活团队。

AI 提问框架

通用公式 = 业务模式 + 痛点拆解 + 设计需求

明确团队的业务类型、销售周期及提成适用场景，帮助 AI 理解提成设计的基础逻辑。

业务模式

提问要素

- **销售模式**：如直销、渠道分销、线上直播带货。
- **产品结构**：如高毛利 / 低毛利产品占比、战略单品清单。
- **市场阶段**：如增量市场（拓新为主）或存量市场（复购为主）。

提炼当前提成方案失效的具体表现及负面影响，定位问题根源。如"提成仅看销售额"导致业务员忽视利润，须转化为"平衡销售额与毛利率"。

痛点拆解

提问要素

- **矛盾点**：如销售扎堆成熟区域、客户投诉率上升 20%。
- **数据佐证**：如 TOP3 销售离职后带走 30% 客户"。
- **团队反馈**：如调研中"73% 的业务员认为考核不公平"。

说明需要 AI 输出的提成方案类型及落地标准，将抽象目标转化为可执行的方案。如将"激活新人"转化为"设计前 3 个月保底提成 + 增量阶梯奖励"。

设计需求

提问要素

- **激励导向**：如重点提升新品渗透率。
- **约束条件**：如总人力成本占比不超过营收的 12%。
- **验证要求**：如模拟不同方案对团队收入方差的影响。

准备资料

要点	内容
团队数据	近 1 年个人 / 团队销售额、毛利率、客户留存率等。
现行提成制度	提成计算规则、奖金发放周期、惩罚条款等。
业务目标	下阶段战略重点（如新品推广、区域扩张）。
竞品参考	同行提成方案（可从招聘信息、其他内部渠道获取）。
成本限制	公司对销售团队的总预算上限、合规红线等。

实战案例

业务模式 → 我是某教育硬件品牌华北区的销售总监，管理一支 20 人的直销团队，主要负责向中小学校长推销智能黑板、学生终端等产品。产品毛利分层明显：智能黑板毛利 35%（战略产品），学生终端毛利仅 15%。当前采用"销售额 5% 的提成制"。

痛点拆解 →

当前的问题

1. 战略产品滞销：业务员为冲高销售额，主推低毛利的学生终端，导致智能黑板销量完成率仅为 38%。
2. 市场失衡：3 名头部销售垄断 60% 优质学校资源，导致新人因资源不足离职率达 50%。
3. 客户流失：因售后跟进不足，智能黑板的客户复购率低于 20%（行业平均 35%）。

设计需求 →

请帮我

1. 提成模型重构：
· 设计"毛利导向 + 资源平衡"的提成公式，要求智能黑板提成权重高于学生终端，且设置新人资源分配机制；
· 加入"客户健康度指标"（如续约率）作为提成系数调节因子。
2. 成本测算：
· 在总人力成本占比不超过 10% 的前提下，模拟三种提成方案对销售行为的影响；
· 估算战略产品销量提升至 60% 所需的激励成本。
3. 过渡方案：制定 3 个月试点计划：首月培训并同步新规则，次月设置"战略产品专项奖"，第三个月淘汰末位 10% 并补充新人。

注意事项

要点	内容
数据脱敏	员工个人业绩数据须模糊处理。竞品方案若涉及商业机密，仅描述逻辑框架而非具体数值。
灵活性测试	进行极端场景验证，如市场突然萎缩，提成方案是否会导致公司过度承压；设置"弹性调节机制"，如每季度根据毛利波动调整提成系数阈值。
人性化适配	AI 可能忽略"非金钱激励"，需由人工补充设计。注意老员工的既得利益保护。
效果监控	定义 3~5 个关键指标（如战略产品销量、新人留存率），每月生成效果分析报告；预留 10% 预算作为临时激励备用金。

第

9

章

AI+研发创意型团队管理

研发创意型团队需要不断创新和高效协作。AI 在研发创意型团队管理中
具有独特的价值。它可以划清责、权、利，明确团队成员的职责；随时总
结项目动态，让管理者及时掌握项目进展；实施全面项目评审，确保项目
质量；助力创新灵感迸发，激发团队创造力；总结讨论宝贵成果，为后续
研发提供参考。在本章中，我们将深入了解 AI 在研发创意型团队管理中
的应用。

9.1 权责分明：用 AI 划清责、权、利

问题情景

1 最近产品研发进度严重滞后，市场部抱怨技术团队闭门造车，技术部又指责市场部需求反复无常，这种扯皮怎么解决？

2 这是典型的权责模糊问题。例如市场部提需求时未明确"决策权边界"，技术部开发时缺乏"责任归属机制"，双方目标错位必然导致冲突。

3 我们实行项目制管理，但总有人推诿责任。例如 UI 设计师说"原型图质量差导致返工"，产品经理却说"设计师理解需求有偏差"。

4 项目制不等于权责清晰。须定义每个角色的"三权清单"：责任（必须完成的交付物）、权力（可调动的资源）、利益（考核挂钩的指标）。例如 UI 设计师对原型图的美观度负责，但需求理解偏差应由产品经理担责。

5 有些技术大牛能力强但不愿带新人，导致团队能力断层，如何激励他们承担培养责任？

6 权责设计须与利益绑定。例如将"新人成长速度"纳入技术专家的考核权重，同时赋予其"技术方案否决权"作为权力补偿。明确"带教义务"是其岗位责任的一部分，而非额外负担。

AI 提问框架

通用公式 = 团队背景 + 权责痛点 + 划分需求

团队背景 →

描述团队的组织架构、业务类型及协作模式，帮助 AI 识别权责设计的复杂度。如算法团队需要更高自主权，而量产团队要严格遵循流程。

提问要素
- **业务特性**：如敏捷开发团队、硬件研发实验室。
- **人员结构**：如专家 / 新人的比例、跨部门协作频率。
- **现行机制**：如现有考核制度、决策流程、任务分配规则。

权责痛点 →

列举因权责不清引发的具体冲突或低效场景，将模糊的"管理混乱"转化为可量化问题。

提问要素
- **冲突事件**：如 A/B 测试结果争议无人担责。
- **数据表现**：如跨部门沟通耗时占项目总时长的 30%。
- **主观反馈**：如 65% 的员工认为考核指标与实际工作脱节。

划分需求 →

说明需要 AI 完成的权责划分任务及落地标准。

提问要素
- **划分维度**：如岗位层（产品经理）、项目层（版本迭代）、协作层（跨部门联调）。
- **平衡要求**：如专家自主权与流程合规性的平衡。
- **输出形式**：如 RACI 矩阵（谁负责、谁批准、咨询谁、告知谁）、权责说明书模板。
- **作用**：将需求转化为 AI 指令，如"生成芯片研发项目的 RACI 矩阵，标注各节点决策权归属"。

准备资料

要点	内容
团队基础信息	组织架构图、岗位说明书、项目分工表等。
冲突案例	近半年 3~5 起典型权责纠纷记录（含过程与结果）。
流程数据	项目各阶段耗时占比、需求变更次数及影响分析等。
考核体系	现行 KPI/OKR 指标、晋升评审规则等。

实战案例

团队背景 → 我是某 AI 医疗影像公司的研发总监，管理一支 35 人的团队，包括算法组（12 人）、数据组（8 人）、临床测试组（10 人）、项目管理组（5 人）。业务模式为：医院提供标注数据—算法组开发模型—临床组验证效果—项目组推动落地。当前采用扁平化管理。

当前的问题

1. 决策真空：临床测试组反馈"模型参数不符合临床需求"，但算法组以"技术最优"为由拒绝修改。
2. 资源争夺：算法组独占 80%GPU（图形处理单元）算力，导致数据组预处理效率低下。
3. 激励错位：算法工程师考核仅看论文发表数，导致量产适配进度延迟。

权责痛点 →

请帮我

1. 权责重构：
   · 设计 RACI 矩阵，明确从数据标注到模型落地的全流程责任归属；
   · 划分算力资源调度权限。
2. 激励机制：
   · 将"模型落地转化率"纳入算法组考核（权重 30%），同时给予其"技术路线选择权"作为补偿；
   · 临床测试组奖金与"问题检出率""解决方案建议数"挂钩，并赋予其一票否决权。
3. 风险预案：
   · 模拟资源冲突场景，输出优先级决策树；
   · 制定权责争议仲裁机制（如三级申诉流程：组长→总监→CEO）。

划分需求 →

注意事项

要点	内容
数据安全	涉及敏感信息须模糊关键字段后再输入 AI。
文化适配	AI 可能忽略"技术大牛的影响力"，须人工调整权责分配。
动态调整	每季度根据项目阶段更新 RACI 矩阵。
权限审查	权力分配不得违反公司治理架构。

9.2 进展追踪：用 AI 随时总结项目动态

问题情景

1 我们团队正在开发一款智能家居产品，但项目进度总是不透明，每次开会都是"正在推进"，实际卡点在哪里却说不清，怎么办？

2 研发项目的动态模糊，本质是缺乏结构化追踪。例如将项目拆解为"技术验证—原型开发—用户测试"三个阶段，每个阶段设置里程碑和风险预警指标（例如技术验证通过率低于 60% 需要介入），才能实时暴露问题。

3 但创意型工作不确定性高，很多突发问题无法提前规划，强行拆解会不会限制创新？

4 动态追踪不是机械拆分，而是建立"问题响应漏斗"。例如，每周汇总技术障碍、资源缺口等关键问题，按优先级排序，集中资源解决前 3 项，其余暂存观察。

5 跨部门协作时，研发和市场的进度不同步，经常出现"技术完成了，市场方案还没定"，怎么协调？

6 须建立"双向耦合机制"。例如要求市场部在技术验证阶段提交初步推广计划，研发部根据市场反馈调整技术参数，双方每周同步一次关键节点对齐表。

AI 提问框架

通用公式 = 项目特性 + 追踪痛点 + 动态需求

项目特性

描述研发项目的类型、阶段及管理特点，明确 AI 分析的边界条件。如硬件研发须重点监控供应链风险，而软件项目更关注代码交付进度。

提问要素

· 创新类型：突破性创新、渐进式优化。
· 协作复杂度：跨部门协作强度（如设计联动的频率）。
· 资源约束：核心资源瓶颈（如测试设备数量）。

追踪痛点

提炼当前进展追踪失效的具体表现及后果，将抽象问题转化为可量化干预点，如需求文档更新延迟超 48 小时须优先解决。

提问要素

· 进度模糊：如 80% 的周报用正常推进描述，无具体指标。
· 风险滞后：如技术验证失败导致项目延期 2 个月，但问题在失败前 3 周已出现苗头。
· 协作断层：如市场需求变更未及时同步研发，导致 3 个功能模块返工。

动态需求

要求 AI 输出进展追踪方案及验证标准，将需求转化为 AI 可执行的任务，如识别研发流程中 3 个最常出现的延误环节。

提问要素

· 监控维度：如技术风险、资源消耗、外部依赖。
· 预警机制：如当关键路径任务延迟超 3 天自动触发预警。
· 同步规则：如每日自动生成跨部门待办清单。

准备资料

要点	内容
项目文档	需求说明书、甘特图、风险评估报告等。
过程数据	任务完成率、BUG 修复周期、会议纪要高频问题词云等。
团队信息	成员技能矩阵、跨部门对接人清单等。
外部依赖	供应商交付周期、第三方接口开发进度等。

实战案例

项目特性

我是某 AI 医疗影像公司的研发总监，负责一款 CT 影像 AI 辅助诊断系统的开发。项目分为算法训练（3 个月）、临床测试（2 个月）、注册申报（1 个月）三个阶段，涉及算法组、数据组、合规组和医院合作方。当前处于算法训练末期。

追踪痛点

当前的问题

1. 进度黑洞：算法组汇报"模型优化中"，但未说明准确率提升幅度（目标从 85% 到 92%）、剩余待调参变量数量。
2. 资源挤兑：数据标注团队同时支持 3 个项目，导致本项目的肺部 CT 数据标注延误 2 周。
3. 外部风险：合作医院因伦理审查延迟，临床测试排期尚未确认。

动态需求

请帮我

1. 设计进展看板：按"算法精度—数据标注—外部协同"三个维度生成实时监控指标，如算法组的"每日准确率波动曲线"。
2. 预测风险节点：基于当前数据标注速度（日均 100 例），预测临床测试启动时间是否延迟，并模拟增加 2 名标注员对整体进度的影响，且识别外部依赖中的最高风险项。
3. 输出协同方案：
· 生成跨部门待办清单模板，要求合规组提前 1 个月对接医院流程，数据组每日同步标注问题；
· 设计"问题升级机制"，如"当同一任务被 3 个部门标记为阻塞时，触发管理层会议"。

注意事项

要点	内容
数据颗粒度校准	AI 依赖的任务拆解须细化到"可行动单元"，如将"优化模型"拆为"调整损失函数参数""增加数据增强策略"等子项。
指标平衡性	硬性指标（如交付时间）与柔性指标（如创新质量）的权重须动态调整，初期探索阶段可设置 70% 权重给技术突破性。
风险预测局限性	AI 可能低估突发风险（如核心成员离职），对"低概率高影响"事件单独建立应急沙盘推演。
迭代机制	每月对比 AI 预测进度与实际偏差，优化监控模型参数。当项目阶段切换（如从开发转向测试）时，重新配置追踪规则。

9.3 质量评价：用 AI 实施全面项目评审

问题情景

1 最近团队同时推进 5 个项目，但交付质量参差不齐，有些技术明明达标，客户却反馈"不符合需求"，该怎么避免这种问题？

2 研发团队的成果评价不能仅看技术指标。需要建立多维度的质量评价体系，例如从需求匹配度、用户体验、创新性等维度设置评审标准，并让客户代表参与终审。

3 但评审流程太耗时间了，每次开会都是各执一词，最后变成"领导拍板"。

4 这说明评审机制缺乏客观性。可以引入"阶段式评审"：立项时明确验收标准、开发中期验证技术可行性、结项前做用户场景模拟测试，用分阶段数据替代主观争论。

5 有些成员认为评审会打压创新，例如一个实验性功能被砍掉后，他们再也不愿提新方案了。

6 质量评价需要区分"常规项目"和"创新孵化项目"。对后者设置容错率（例如允许 30% 的试错成本），并单独评审其技术前瞻性和长期价值，避免用短期收益一刀切。

AI 提问框架

通用公式 = 项目背景 + 评审痛点 + 优化需求

项目
背景

描述团队研发模式、项目类型及当前评审机制的基本信息，帮助 AI 理解研发流程的复杂度，确保建议贴合实际场景。

提问要素
- **团队特性：**成员构成、项目规模。
- **研发流程：**当前采用的开发方法论、评审节点设置。
- **数据基础：**已有评价工具（如 BUG 管理系统、用户测试报告）。

评审
痛点

明确现有质量评价体系失效的具体问题，须量化矛盾点，将笼统的"质量差"转化为可干预的指标，如用户验收通过率低于行业均值 20%。

提问要素
- **标准模糊：**如需求文档与交付成果匹配度低于 60%。
- **效率低下：**如单次评审会约耗时 4 小时，执行率仅为 30%。
- **创新抑制：**如近半年实验性提案减少 50%。

优化
需求

要求 AI 输出质量评价优化方向及验证方式，将需求转化为 AI 可执行的建模任务。

提问要素
- **评价模型：**如设计技术可行性、商业价值等的权重算法。
- **流程改造：**如将结项评审拆分为技术验证、用户盲测、成本审计三个环节。
- **激励机制：**如对通过创新评审的项目追加 10% 资源倾斜。
- **验证需求：**如模拟新评审流程对项目周期的影响。

准备资料

要点	内容
项目档案	近一年立项文档、评审会议纪要、用户验收报告等。
评价数据	现有评审指标得分表（如技术达标率、用户满意度），项目复盘总结等。
团队特性	成员技能分布图（如前端、后端、UI 人员占比），创新项目容错政策等。
外部参考	行业质量标准、竞品项目发布周期等。

实战案例

项目背景

我是某智能硬件公司的研发总监，管理一支 30 人的团队，分为嵌入式开发组（12 人）、算法组（10 人）、用户体验组（8 人），采用敏捷开发模式，平均每季度交付 2~3 个新产品模块。当前质量评审仅在需求阶段（产品经理主导）和结项阶段（高管验收）进行，使用 Excel 记录 BUG 数量和代码通过率。20×× 年上半年交付的 4 个模块中，3 个出现用户操作逻辑混乱、硬件软件兼容性问题，导致客户退货率上升 8%。

评审痛点

当前评审的痛点

1. 标准片面：结项评审只关注"无致命 BUG"和"代码规范"，但用户反馈"操作步骤比竞品多 3 步"。
2. 流程缺失：算法组在开发中期自行调整参数，导致硬件组被迫返工，平均项目延期 15 天。
3. 数据割裂：用户体验组的测试报告与开发组的评审数据未打通，无法定位问题责任方。

优化需求

请帮我

1. 设计多维度评价模型：
· 从技术指标、用户体验、商业价值三大维度，设计动态权重；
· 建立"跨组关联指标"。
2. 优化评审流程：
· 在开发中期增加"跨组兼容性评审会"，生成会议规则；
· 结项前引入"用户盲测"环节，随机抽取 100 名种子用户进行 72 小时体验追踪，生成具体内容。

注意事项

要点	内容
数据校准	AI 依赖的历史数据可能存在偏差，需由人工标注关键问题。
动态权重调整	避免固定权重导致僵化，如旺季可临时提升"交付速度"权重，淡季侧重"创新性"。设置权重阈值，当某维度连续 3 次得分低于 60 分时触发专项优化。
平衡效率与严谨性	低风险模块采用"快速评审通道"，仅检查核心指标；对高风险模块保留人工复验环节，AI 结论仅作参考。
知识产权保护	AI 生成的创新性建议可能涉及专利空白点，须提前进行合规性筛查；敏感数据须加密后再输入 AI 系统。

9.4 创意激发：用 AI 助力创新灵感迸发

问题情景

1 最近团队提出的创新方案越来越同质化，明明有技术储备，但就是突破不了现有框架，该怎么激发新灵感？

2 这说明团队陷入了"路径依赖"。研发创意型团队需要打破惯性思维，例如建立跨界知识库、引入外部刺激源，才能让创新可持续。

3 我们尝试过头脑风暴，但讨论总是浮于表面，最后又回到老方案。

4 传统头脑风暴缺乏结构化引导。例如可以设置"反向挑战"：要求成员先列出当前方案的所有缺陷，再围绕缺陷重构方案。这会倒逼成员跳出舒适区。

5 有些技术骨干只关注专业领域，对其他行业动态不敏感，导致创新缺乏市场适配性。

6 创意激发需要连接多元信息。例如，定期组织"跨界案例拆解会"，分析医疗 AI 如何借鉴游戏行业的用户画像技术，用跨界迁移触发灵感。

AI 提问框架

通用公式 = 情境描述 + 创意瓶颈 + 激发需求

情境描述

说明团队所处的业务阶段、创新目标及现有资源，帮助 AI 识别创意的发力方向。

提问要素

· **业务类型**：如 AI 算法研发、硬件产品设计。

· **创新阶段**：如原始创新（$0 \rightarrow 1$）或迭代优化（$1 \rightarrow N$）。

· **资源禀赋**：如技术专利库、行业数据库、专家网络。

创意瓶颈

描述当前阻碍创意产生的具体问题，须量化或场景化，将模糊的"缺乏创意"转化为可干预的问题。

提问要素

· **思维固化表现**：如 80% 提案是对现有功能的微调。

· **信息孤岛证据**：如团队年均阅读跨行业报告不足 5 份。

· **激励失效数据**：如创新奖励制度使用率仅为 30%。

激发需求

明确需要 AI 完成的创意激发任务及输出标准，将需求转化为 AI 指令。如基于新能源汽车电池管理技术，推荐 3 种可迁移至储能系统的创新方案。

提问要素

· **创意类型**：如颠覆式创新、组合式创新、流程优化。

· **激发方式**：如跨行业案例匹配、技术痛点反向推导。

· **交付要求**：如生成 20 个跨界灵感方向。

准备资料

要点	内容
团队创新档案	过往 3 年提案记录、专利列表、失败项目复盘等。
技术资产清单	现有技术栈说明、可调用 API 接口文档、实验数据样本等。
行业趋势报告	目标市场用户调研、竞品创新动态、跨领域技术突破案例等。
成员画像	核心成员专业领域、学习偏好（如视觉型 / 逻辑型）等。
约束条件	合规要求（如医疗数据隐私）、预算上限、时间窗口期等。

实战案例

情境描述

我是某智能家居公司的产品总监，管理一支 25 人的研发团队（硬件组 10 人、算法组 8 人、用户体验组 7 人），负责智能音箱产品线迭代。当前主要技术资源包括：①自研声学降噪算法（行业前 3）；②10 万小时用户语音交互数据库；③与科大讯飞的联合实验室资源。

创意瓶颈

当前的创意瓶颈

1. 创新疲软：近半年的提案中，72% 集中于"音质提升""唤醒词优化"等传统方向，缺乏突破性功能。
2. 场景局限：现有方案未响应新兴需求，如银发族"防诈骗语音提醒"。
3. 协作低效：硬件组拒绝采用算法组提议的"情绪识别技术"，认为会增加 15% 功耗，但未提供替代方案。

激发需求

请帮我

1. 跨界灵感生成：
   - 基于声学技术优势，筛选 3 个非智能家居领域的创新场景，输出可行性评估矩阵；
   - 模拟老年用户一天的生活轨迹，挖掘 5 个未被满足的语音交互痛点。
2. 技术融合方案：
   - 推荐情绪识别技术与现有降噪算法的融合路径，须满足"功耗增幅 ≤ 5%"的硬约束；
   - 设计"硬件—算法—用户体验"协作流程，包含争议解决机制。
3. 激励机制设计：制定"跨界创新积分制"，积分可兑换研发资源使用权。

注意事项

要点	内容
数据验证	AI 推荐的跨界案例须人工核查技术兼容性。
人性化补充	AI 可能忽略"非技术因素"（如老年用户抗拒语音交互的心理障碍）。
文化适配	避免直接推送"激进方案"，优先采用"模块化叠加"降低抵触；为硬件组保留"技术否决权"，但要求同步提交改进建议。
动态迭代	每月更新用户语音数据库的关键词云图，捕捉需求变化；设置创新方案"三阶段验证机制"（概念—原型—试点），分阶段释放资源。

9.5 结果汇总：用 AI 总结讨论宝贵成果

问题情景

1 最近团队项目结束后，大家讨论的创意方案和用户反馈分散在几十份会议纪要里，复盘时总感觉抓不住重点，该怎么解决？

2 这说明需要建立系统化的成果汇总机制。研发创意型团队的成果不仅是交付物，还包括讨论中的关键洞察。结构化梳理能避免"点子流失"，还能提炼可复用的方法论。

3 但成员觉得总结是形式主义，每次复盘都是流水账，反而浪费时间。

4 问题出在汇总方式上。有效的结果汇总要聚焦三个维度：已验证的成功路径、失败教训、待验证的假设，这样才能让成员看到价值。

5 有些跨部门讨论的成果涉及不同利益方，汇总后经常被质疑"断章取义"。

6 需要用客观中立的框架汇总，例如按"问题—方案—数据支撑"结构呈现，并标注各方的核心观点和冲突点。这样既能保留多元视角，又能为后续决策提供依据。

AI 提问框架

通用公式 = 情境描述 + 当前挑战 + 分析需求

描述团队的项目类型、成果产出场景及现有汇总工具的不足，帮助 AI 判断信息复杂度和整合难度。

情境描述 →

提问要素
- **团队特性**：如成员角色、项目周期。
- **成果类型**：如讨论成果载体（如会议录音、脑暴文档）。
- **现有工具**：如已使用的汇总方式（如 Excel 表格、共享文档）。

明确成果汇总过程中导致信息损失或效率低下的具体问题，将模糊的"汇总难"转化为可干预的指标。

当前挑战 →

提问要素
- **信息分散**：如 80% 的创意散落在不同成员的私人笔记中。
- **成果复用率低**：如同类问题解决方案重复讨论 3 次以上。
- **决策依据不足**：如管理层因信息不全否决了 20% 的提案。

要求 AI 输出成果汇总优化方案及验证标准，将需求转化为 AI 可执行的任务。

分析需求 →

提问要素
- **数据整合**：如将语音转文字内容与设计稿时间轴对齐。
- **模式识别**：如识别高频出现的用户需求关键词。
- **报告生成**：如按技术可行性—用户价值矩阵自动分类提案。
- **验证方式**：如对比 AI 汇总与人工汇总的关键结论重合度。

准备资料

要点	内容
原始讨论记录	会议录音/录像、脑暴白板照片、在线协作文档历史版本等。
项目成果清单	已落地方案说明文档、用户测试报告、技术可行性评估表等。
绩效关联数据	提案通过率、方案复用次数、复盘会议时间成本统计等。
外部情报	行业创新案例库、竞品功能迭代日志、用户需求调研原始数据等。

实战案例

情境描述 → 我是某智能家居公司的研发总监，管理一支 25 人的团队（产品组 8 人、硬件组 10 人、算法组 7 人），负责新品模块开发，平均每季度完成 3 个迭代项目。当前成果汇总依赖人工整理会议纪要，重要讨论内容分散在钉钉群聊、腾讯文档中。20×× 年有 4 个潜力方案因信息遗漏未能推进，导致资源浪费约 80 万元。

当前挑战 →

当前的挑战

1. 信息孤岛：硬件组的方案修改记录在本地 Git 仓库（存储项目所有文件及其修改历史的数据库），产品组无法实时同步，导致三次因兼容问题返工。

2. 关键结论模糊：用户提出的"语音控制自定义场景"需求未被明确标注优先级，最终未纳入排期。

3. 复盘效率低下：每次迭代复盘需 3 名成员耗时 2 天整理资料，但输出的结论仍被质疑"忽略核心冲突点"。

分析需求 →

请帮我

1. 智能汇总：抓取钉钉群聊和腾讯文档中的关键词（如"用户建议"），按"问题描述—争议点—决策依据"生成摘要。

2. 建立跨项目知识库：

· 识别文档中相似技术方案，提示复用机会并标注历史验证结果；

· 按"开发成本—用户满意度"四象限对未落地提案分类，生成优先级推荐清单。

3. 输出决策支持报告：生成创新机会雷达图，包含技术成熟度、市场需求匹配度、竞品布局对比维度。

注意事项

要点	内容
数据清洗前置	剔除无效信息（如闲聊记录），定义关键词黑白名单；对口语化表述（如"这个功能可能有点鸡肋"）进行标准化转换。
多源交叉验证	AI 提取的结论须与项目里程碑文档、用户投诉工单等对照，防止断章取义；对争议性结论保留多方观点原文链接。
动态更新机制	设置知识库衰减系数（如超过 6 个月未引用的方案降低权重）。
文化适配设计	对习惯自由创作的成员，提供"轻量级汇总模板"（如仅标记核心创意点）。

第

10

章

AI+生产制造型团队管理

生产制造型团队注重流程规范、成本控制和风险管理。AI 在生产制造型团队管理中能够发挥重要作用。它可以细化作业流程,提高生产效率;打造标准作业程序,确保产品质量;助力现场管理升级,营造良好的生产环境;揪出无效作业步骤,优化生产流程;实现全员成本节约,降低生产成本。接下来,让我们看看 AI 如何助力生产制造型团队管理。

10.1 步骤分解：用 AI 细化作业流程

问题情景

1 我们产线最近订单量激增，但良品率从 95% 跌到 82%，返工成本每月增加 30 万元，怎么系统性改进？

2 这说明流程控制存在断点。生产制造的核心是"将大象装冰箱分三步"——用 SOP（标准作业程序）拆解每个工序的动作规范，例如焊接环节的夹具角度偏差超过 0.5° 时必须停机校准。

3 但工人总说 SOP 限制创新，老员工凭经验操作反而效率更高。

4 步骤分解不是僵化执行，而是建立基准线。例如用"动作时间研究"找出最优路径，经验丰富的工人可以参与优化标准，但关键参数（例如温度、压力）必须锁定。

5 跨部门协作也常卡壳，例如质检部抱怨生产部未按标准自检，生产部又嫌质检流程太慢。

6 须建立"工序握手协议"。例如在装配段结束后，增加 5 分钟快速检测窗口，生产人员用简易工具完成 80% 的基础检验，质检组只需聚焦 20% 的关键项，这样流转效率能提升 40%。

AI 提问框架

通用公式 = 产线现状 + 流程瓶颈 + 分解需求

产线现状

描述生产体系的基础架构与运行状态，帮助 AI 理解物理限制，如老旧设备无法支持实时数据采集。

提问要素

- **产线配置**：如设备型号、工位数量、自动化程度。
- **产品特性**：如生产品类、工艺复杂度。
- **数据基础**：如现有 MES 系统记录、工时统计表、OEE 数据。

流程瓶颈

明确制约生产效率或质量的关键环节，将模糊的"效率低"转化为具体靶点，如冲压段换模流程缺少并行作业设计。

提问要素

- **时间黑洞**：如换模耗时超行业标准的 2 倍。
- **质量陷阱**：如某工序不良品率达 60%。
- **协同断点**：如物料配送延迟导致日均停工 3 小时。

分解需求

要求 AI 完成的流程拆解任务及输出标准，生成可执行的改善方案。

提问要素

- **颗粒度要求**：如分解到工位级、动作级或秒级。
- **优化方向**：如时间压缩、质量提升、人机配合。
- **验证方式**：如数字孪生模拟、历史数据回溯测试。

准备资料

要点	内容
产线基础档案	工艺流程图、设备清单、岗位说明书等。
生产数据	过去 6 个月 OEE 报表、不良品分类统计、换模时间记录等。
操作规范	现行 SOP 文档、安全操作指引等。
外部约束	客户验收标准、行业合规要求［如 ISO（国际标准化组织）认证条款］等。
资源清单	可调用的技术顾问、预算额度、停机改造时间窗口等。

实战案例

产线现状

我是某汽车零部件厂生产主管，负责变速箱壳体加工线，该产线包含 15 个工位 [5 台 CNC（计算机数字控制）数控机床、3 台清洗机、2 条装配线]，日均产能 300 件。当前数据如下。

1. OEE 为 68%（行业标杆 80%）。
2. 主要缺陷为"孔径偏差"（占总不良品的 55%）。
3. 换模平均耗时 45 分钟（竞品可达 25 分钟）。

流程瓶颈

当前流程的瓶颈

1. 效率瓶颈：
· 清洗机与装配线节拍不匹配，每批次积压等待 40 分钟；
· CNC 机床编程参数依赖技师经验，新员工设置错误率达 30%。
2. 质量顽疾：
· 粗加工的夹具定位精度不足，导致精加工阶段补偿耗时增加；
· 终检依赖人工目视检查，漏检率为 8%。
3. 协同问题：物料配送员未按 JIT（准时制）原则补料，导致机床日均待料停工 2 小时。

分解需求

请帮我拆解工序

1. 将 CNC 加工流程拆分为 17 个动作单元，识别 3 个冗余动作。
2. 设计换模并行流程图（如拆卸旧模具与预热新模具同步进行）。
3. 基于历史数据构建物料需求预测模型。

注意事项

要点	内容
数据校准	AI 依赖的 OEE 数据须排除计划性停机（如设备保养），避免误判瓶颈。
人工复核	AI 生成的 SOP 须经资深技师验证；涉及安全规范的内容必须保留人工确认环节。
接受度管理	对经验型员工提供"SOP 优化贡献积分"，可兑换技能培训名额；初期保留 10% 的弹性操作空间（如 ±2% 的参数调节权），避免抵触情绪。
合规底线	AI 建议的流程压缩不得违反劳动法；涉及工艺专利的方案须提前进行知识产权检索。

10.2　制定 SOP：用 AI 打造标准作业程序

问题情景

1　新员工培训周期从 2 周拉长到 1 个月，但上线后良品率反而从 98% 降到 93%，老员工带教效率太低了。

2　这说明缺乏标准化作业程序（SOP）。好的 SOP 需要将隐性经验显性化，例如设备调试的"手感"要转化为压力值参数范围，避免依赖个人经验。

3　但产线设备经常更新，每次修改 SOP 都得停工培训，影响产能怎么办？

4　SOP 必须分层设计。基础版固定核心安全规范（例如温度阈值），动态版用模块化文档管理高频变更项（例如模具更换步骤），通过二维码扫码实时更新，减少停工时间。

5　工人觉得 SOP 限制创新，有经验的员工总想跳过步骤"走捷径"。

6　须建立 SOP 优化机制。例如每月收集"效率提升提案"，用数据验证有效性：某工序缩短 10 秒且不良率不变，就迭代进 SOP。让工人参与优化，才能消除抵触。

AI 提问框架

通用公式 = 生产场景 + 流程痛点 + 优化需求

生产场景

描述团队的生产模式、设备类型及作业特点，帮助 AI 判断 SOP 颗粒度需求，如精密制造须细化到秒级操作。

提问要素

· **产品特性**：如精密零件加工、批量快消品制造。
· **产品线复杂度**：如自动化程度、工序衔接方式。
· **人员结构**：如技工与普工比例、班次安排。

流程痛点

明确当前作业流程中导致效率损失或质量波动的具体问题，将模糊的"效率低"转化为可干预指标，如工序 C 返工率高达 18%。

提问要素

· **标准化缺口**：如同一工序的 5 种操作方式。
· **培训成本**：如新员工独立上岗需要 72 小时。
· **变异因素**：如设备参数依赖老师傅经验调整。

优化需求

要求 AI 输出的 SOP 优化方向及验证方式，将需求转化为 AI 任务。如分析 200 份不良品报告，定位 3 个最需要标准化的风险点。

提问要素

· **约束条件**：如符合 ISO9001 认证要求。
· **数据来源**：如设备传感器日志、质检报告。
· **输出形式**：如可视化流程图、AR 辅助指引系统。

准备资料

要点	内容
作业流程档案	现行 SOP 文档、操作视频、工艺图纸等。
生产数据	各工序工时记录、不良品分类统计、设备报警日志等。
人员能力矩阵	员工技能认证记录、培训考核成绩等。
行业规范	安全生产标准、质量管理体系文件等。
设备参数	机器操作手册、维护保养记录、传感器数据接口说明等。

实战案例

生产场景

我是某汽车零部件厂的车间主任，管理 3 条冲压产线（半自动化），主要生产车门铰链。每条产线配备 8 名工人（含 2 名调试技工），实行两班倒制。当前使用 20×× 年制定的纸质 SOP，但近两年新增了 5 种型号模具，工人操作差异导致月度不良品数量从 500 件增至 1200 件，返工成本增加 37 万元。

流程痛点

当前的流程痛点

1. 操作混乱：模具更换步骤存在 3 种不同版本，导致调试时间波动在 15~45 分钟。
2. 经验依赖：设备压力参数调整全凭技工经验。
3. 更新滞后：工艺变更后平均 7 天才能更新 SOP，期间依赖口头传达导致错误。

优化需求

请帮我

1. 重建 SOP 框架：
· 基于近半年 500 次模具更换记录，提炼最佳操作步骤；
· 将压力参数计算公式嵌入电子 SOP，生成动态调整指南。
· 在 SOP 中嵌入故障案例库及处理方案。
2. 验证机制：
· 模拟新 SOP 应用后的产能提升［目标是单次换模时间稳定在 25±3 分钟］；
· 预测培训周期压缩目标，并制定过渡期双轨运行方案。

注意事项

要点	内容
安全优先	AI 生成的步骤须通过 EHS（环境健康安全）审查，如涉及高温作业必须保留人工确认环节。
人机协同	保留 5% 的灵活操作空间（如老员工可申请跳过基础指引，直接查看高级技巧）。
版本管控	设置 SOP 修改权限分级，避免多人编辑冲突。
动态迭代	每月用产线数据验证 SOP 有效性。
文化融合	对抵触数字化的老员工，采用"纸质 SOP+ 扫码查看视频详解"的过渡方案。

10.3 5S 管理：用 AI 助力现场管理升级

问题情景

1 最近车间物料堆放混乱，工人找工具平均要花 15 分钟，安全隐患也增加了，该怎么整顿？

2 这说明基础管理出了问题。5S（整理、整顿、清扫、清洁、素养）是制造业现场管理的基石，例如工具定位管理能让取用时间缩短到 1 分钟内，同时消除通道堵塞带来的安全风险。

3 但员工觉得天天打扫是形式主义，推行三个月后现场又恢复原样了。

4 问题出在缺乏持续机制。有效的 5S 需要结合目视化管理，例如用红牌标识过期物料，用斑马线划定作业区域，让问题"自己会说话"，才能形成自主维护的习惯。

5 夜班和外包团队执行标准不统一，检查时总出现扯皮。

6 必须建立数字化监控体系。例如在关键区域安装摄像头，通过 AI 识别违规堆放行为并实时推送整改通知，让不同班次的执行结果可量化对比。

AI 提问框架

通用公式 = 现场现状 + 管理痛点 + 优化需求

现场
现状

描述生产现场的物理环境、现行 5S 执行水平及管理工具，帮助 AI 判断改善起点。

提问要素
- **空间布局**：如车间面积、功能区划分、设备分布。
- **现存问题**：如物料混放率、工具寻找时间、安全隐患数量。
- **管理工具**：如现有检查表、奖惩制度、可视化标识系统。

管理
痛点

明确 5S 推行中导致执行失效的核心问题，将笼统的"执行差"转化为可干预指标，如通道堵塞导致日均搬运时间增加 2 小时。

提问要素
- **标准模糊**：如清洁度标准依赖主观判断。
- **监督低效**：如每月人工检查仅覆盖 20% 区域。
- **参与度低**：如员工整改响应率不足 40%。

优化
需求

要求 AI 输出 5S 优化方案及验证方式，生成可落地的改善方案。如开发工具定位追踪系统，超时未归位自动提醒责任人。

提问要素
- **智能识别**：如 AI 图像识别技术抓取违规堆放。
- **动态监控**：如实时生成区域整洁度热力图。
- **激励设计**：如将 5S 评分与绩效奖金算法挂钩。

准备资料

要点	内容
现场基础数据	车间平面图、设备定位坐标、物料分类清单等。
管理记录	近 3 个月 5S 检查表、安全隐患报告、整改通知单等。
人员信息	班次安排、外包团队合作协议、员工技能档案等。
技术接口	可接入的摄像头型号、MES 系统数据权限、移动端推送通道等。
标杆数据	行业 5S 执行标准、同规模工厂最佳实践案例等。

实战案例

现场现状 →

我是某家电配件厂生产经理，管理 2 个合计 8000m^2 的车间，主要生产电机外壳。当前 5S 状态如下。

1. 原料区、半成品区、废料区未物理隔离，混放率约 25%。

2. 工具柜无定位标识，工人日均寻找工具耗时 47 分钟。

3. 每周人工抽查 10% 区域，2023 年累计发现安全隐患 132 起（其中 63% 为重复问题）。

当前的管理痛点

1. 标准执行难：

· 夜班为赶产量常将物料堆放在通道，早班要花 1 小时清理才能开工；

· 外包保洁团队不熟悉分类规则，误将待用零件当废品处理 3 次。

2. 监督成本高：

管理痛点 →

· 人工检查需 3 名主管耗时 6 小时 / 周，但仍遗漏 30% 以上问题；

· 员工对纸质检查表敷衍填写，40% 的整改项未附照片证明。

3. 缺乏长效机制：

· 上月推行"红牌作战"活动后，首周问题下降 60%，但次周反弹至原水平；

· 新员工离职率高达 35%，主因包含"工作环境压抑"。

请帮我

优化需求 →

1. 设计积分奖励算法，如员工每完成 1 项派发任务可获 5 分，积分可兑换调休或培训资源。

2. 分析当前问题，如物料违规堆放、设备漏油、通道堵塞等。

3. 开发引导培训系统，新员工上岗首周寻物时间压缩至 10 分钟。

注意事项

要点	内容
数据校准	AI 须区分正常作业暂放（如流转中的托盘）与违规堆放，避免误判；对反光、阴影等干扰因素设置识别容错率（如 ≤ 5% 误报率）。
文化适配	保留 10% 的弹性空间（如促销期间临时增加备料区），避免 AI 过度僵化；每月举办"5S 创新提案大赛"，将优秀员工经验反哺 AI 模型。
迭代机制	当产线布局调整时，及时告知 AI 调整方案；每季度对比 AI 建议与人工检查结果差异，修正模型偏差。

10.4 过程排查：用 AI 揪出无效作业步骤

问题情景

1 产线效率最近一直上不去，明明设备没故障，订单交付周期却比去年同期延长了 15%，问题到底出在哪？

2 这需要做过程排查。生产就像水流，每个环节都可能存在"淤泥"，例如某个工位的等待时间过长，或者重复搬运浪费人力。用价值流图把全流程动作拆开，就能找到堵塞点。

3 但工人们都说自己按 SOP 操作，排查了三次也没发现明显问题。

4 无效步骤往往藏在细节里。例如焊接工位的员工每次取零件要走 5 米，一天累计多花 40 分钟；或者质检环节重复检查同一参数。这些隐性浪费需要秒表测时和动作分析。

5 跨班组协作也有矛盾，例如装配组总抱怨冲压组交付的半成品尺寸不稳定。

6 过程排查不仅要看单点，更要看衔接。例如冲压模具磨损导致公差波动 ±0.2mm，装配时被迫增加人工校准步骤——这就是上下游环节不匹配造成的集体效率损失。

AI 提问框架

通用公式 = 产线全景 + 隐性浪费 + 根因需求

产线全景

描述生产流程的完整结构和基础数据，帮助 AI 建立全流程数字孪生模型，识别环节间关联影响。

提问要素

- **流程地图**：从原料入库到成品出货的全链路工序。
- **基础指标**：各工序标准工时、设备利用率、在制品库存量。
- **数据记录**：操作日志、异常事件报告、交接班记录。

隐性浪费

明确非肉眼可见但导致效率损失的环节，将"效率低"转化为具体问题，如包装段因标签打印错误日均停工 2 小时。

提问要素

- **时间黑洞**：如工序间物料积压、设备空转。
- **动作冗余**：如重复搬运、过度加工。
- **质量成本**：如返工、报废导致的隐形工时消耗。

根因需求

要求 AI 完成的根本原因追溯及改善方案设计，生成可执行的优化指令，如取消焊接工位二次复检环节，预计日节省 3.5 人时。

提问要素

- **分析深度**：须定位到工序级、动作级或设备参数级。
- **验证方式**：A/B 测试、历史数据回溯、数字孪生模拟。
- **输出形式**：优先级排序、改善成本收益测算。

准备资料

要点	内容
生产流程档案	工艺流程图、工序说明书、交接标准等。
时间记录	各工位操作时长统计（精确到秒）、设备运行日志等。
质量数据	不良品分类报告、返工记录、客户投诉高频问题等。
物流信息	物料搬运路线图、在制品库存周转天数等。
人员配置	班次安排表、技能矩阵、工时利用率报表等。

实战案例

产线全景

我是某家电组装厂生产经理，负责空调外机生产线，该生产线包含 20 个工位（含冲压、焊接、喷涂、组装、检测等），日均产能 500 台。当前数据如下。

1. 标准工时为 8 小时 / 班，实际产出工时为 9.2 小时 / 班。
2. 在制品库存高达 1200 件，超安全库存 2 倍。
3. 喷涂工序不良率 8%（主要缺陷为涂层气泡）。

隐性浪费

当前的问题

1. 时间黑洞：
· 组装工位因螺丝型号混用，日均停工排查 45 分钟；
· 检测工位等待喷涂件冷却，平均闲置率 30%。

2. 动作冗余：
· 搬运工往返仓库取料，单次耗时 12 分钟；
· 焊接工位员工同时操作 2 台设备，日均切换损耗 1.2 小时。

3. 质量成本：
· 因涂层气泡返工的空调外机，每台增加人工成本 80 元；
· 库存积压导致资金占用成本每月增加 15 万元。

根因需求

请帮我

1. 根因定位：分析近 3 个月喷涂参数记录，锁定气泡产生的关键变量组合。
2. 方案设计：设计"焊接—组装"联动防错机制，并测算引入自动冷却装置的 ROI。
3. 优先级排序：按成本节省和落地难度对改进措施排序，输出 3 个月内可完成的 TOP3 行动计划。

注意事项

要点	内容
数据校准	人工记录的工时需要用视频分析工具复核，避免主观误差；设备传感器数据须排除异常干扰。
流程验证	AI 建议的步骤删减须通过小批量试产验证；涉及安全规范的操作必须保留人工确认环节。
动态迭代	每月更新一次无效步骤清单，纳入新出现的变异因素；建立"问题—方案"关联数据库，用于后续 AI 模型训练。
人性化落地	对因优化导致工作内容变化的员工，提供转岗培训或效率奖金；保留 5% 的弹性操作空间，避免因过度标准化引发抵触情绪。

10.5 管控成本：用 AI 实现全员成本节约

问题情景

1 最近原材料价格波动大，但车间废品率从 5% 涨到 8%，每月浪费超 50 万元。员工觉得成本控制是财务的事，怎么破局？

2 这说明成本管理缺乏全员参与机制。真正的成本管理要从"事后核算"转向"过程控制"。例如用标准耗量对标实际消耗，让操作工看到自己工位的浪费数据，才能激发行动。

3 但工艺复杂度高，不同订单的物料损耗基准难统一，强行考核怕影响士气。

4 需要动态基准管理。例如根据历史数据建立"订单类型—设备型号—材料批次"三维模型，允许合理损耗区间浮动，超限部分才触发预警，避免"一刀切"。

5 领导要求半年内降本 10%，但技术部提议的自动化改造预算要 300 万元，回报周期太长。

6 成本优化须分短中长期。例如优先用低成本手段：重新谈判供应商账期释放现金流（短期）；优化排产减少换线损耗（中期）；最后才评估重资产投入（长期）。用数据证明阶段收益更容易获批。

AI 提问框架

通用公式 = 成本结构 + 浪费场景 + 优化需求

成本结构 →

描述团队的成本构成、核算方式及数据颗粒度，帮助 AI 判断干预优先级，如材料成本占 60% 则优先优化物料清单。

提问要素

· **成本类型**：如直接材料 / 人工 / 制造费用占比。
· **核算层级**：如按车间 / 产线 / 工位分解数据的能力。
· **波动因素**：如大宗商品价格、最低工资标准调整。

浪费场景 →

明确当前生产流程中导致成本超支的具体环节，将模糊的"成本高"转化为可量化指标。

提问要素

· **显性浪费**：如废品率、设备空转时长。
· **隐性浪费**：如过度库存资金占用、返工工时。
· **行为诱因**：如员工为赶产量故意调高参数导致耗能增加。

优化需求 →

要求 AI 输出的降本方案及验证路径，生成可执行的改善任务。

提问要素

· **约束条件**：如不降低产品抗压强度、符合 RoHS（环保合规性）认证。
· **数据接口**：如 ERP 系统订单数据、MES 设备日志。
· **输出形式**：如耗材动态看板、员工成本贡献度排行榜。

准备资料

要点	内容
财务数据	近 12 个月成本明细表、预算执行差异分析等。
生产记录	物料清单、设备 OEE 报告、工序能耗监测数据等。
供应链信息	供应商报价单、库存周转率、采购合同账期条款等。
人员数据	各岗位绩效考核指标、技能认证证书、合理化建议记录等。
技术文档	工艺流程图、质量检验标准、设备维护保养手册等。

实战案例

成本结构 → 我是某电子连接器工厂厂长，管理 3 条全自动化镀金产线。当前成本结构为直接材料占 58%，制造费用占 32%，直接人工占 10%。

当前存在浪费的场景

1. 材料浪费：
· 因铜带厚度公差导致边角料率超设计值的 1.2 倍，月均损耗 12 吨；
· 镀金液浓度监测依赖人工取样，配比失误导致 3 次批量返工（损失 74 万元）。

2. 能源低效：
· 非生产时段（如午休）未关闭辅助设备，年浪费电费约 28 万元；
· 镀金槽保温层老化，热成像仪显示散热超标区域达 15%。

3. 行为漏洞：调试技师为减少报修次数，将设备参数长期设定在安全阈值上限，导致模具磨损加速 30%。

浪费场景 →

请帮我

1. 动态基准建模：
· 基于近 3 年铜带采购数据，建立价格波动预警模型；
· 按订单厚度规格生成"理论裁切方案 + 允许损耗区间"；

2. 智能监控模式：根据电表数据，识别异常耗能模式。

3. 行为干预机制：
· 设计参数合规性评分系统：设备设定值越接近理论最优区间，技师绩效系数越高；
· 生成"浪费成本报告"：展示各班组材料 / 能源消耗排名，前三名获流动红旗。

优化需求 →

注意事项

要点	内容
数据校准	原料损耗数据需区分"工艺性损耗"与"管理性损耗"，避免错误归因。
激励平衡	成本节约奖金需与质量指标挂钩。
留有弹性	保留 5% 的弹性预算用于突发情况。
技术验证	AI 建议的替代材料需通过测试，能耗优化方案需经电气工程师复核，防止电路过载风险。

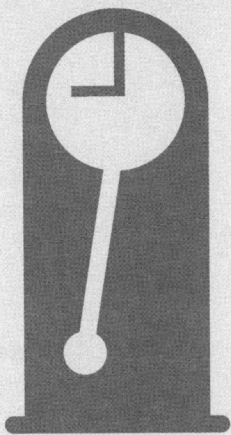

DeepSeek

赋能小团队管理

（随书赠阅）

第

1

全面认识 Deepseek

章

在当今数字化与智能化飞速发展的时代，小团队管理者面临诸多挑战。此时，一个强大的工具就显得尤为重要。Deepseek 便是这样一款能为小团队管理带来效率的利器。它究竟有着怎样的奥秘？又该如何高效运用？在运用过程中，又要注意什么？接下来，就让我们一同全面认识 Deepseek。

1.1　Deepseek 是什么

　　你是否曾感到分身乏术，渴望一个不知疲倦、知识渊博的"超级助手"来分担琐碎事务、提炼关键信息、激发创意，甚至辅助决策？DeepSeek 正是这样一个理想的助手。

　　DeepSeek 由深度求索公司研发，是一款基于先进人工智能大语言模型（LLM，Large Language Model）的平台，代表了自然语言处理（NLP，Neuro-Linguistic Programming）技术的前沿成果。对于小团队管理者而言，DeepSeek 的核心价值体现在哪里？

1 强大的理解与生成能力：沟通与表达的核心引擎

　　（1）深度理解意图：DeepSeek 能精准捕捉你话语背后的核心诉求和上下文含义，无论是描述项目瓶颈、提出管理难题，还是询问如何提高团队周会效率，它都能洞察隐含意图和情感倾向，为有效沟通奠定基础。

　　（2）流畅精准的信息输出：DeepSeek 擅长生成高质量、连贯、符合语境的文本。无论是起草客户邮件、撰写项目进度报告、总结会议记录精华，还是构思团队激励方案，它都能快速、高质量地完成，节省时间精力，提升沟通专业度与效率。

2 海量知识库与实时信息整合：移动智库

　　（1）内置百科知识：DeepSeek 的训练数据涵盖互联网上的公开文本、书籍、论文、代码、新闻等，具备广泛领域的知识储备。无论是管理理论、市场趋势、技术术语，还是行业法规政策，它都能快速提供准确、概要性的解释和信息。

（2）文件处理能力：DeepSeek 支持上传常见格式文件，能阅读并深入理解文件内容，进行总结、问答、提取关键数据、对比分析等操作。上传竞品分析报告，它提炼核心策略；上传团队成员周报，它自动汇总整体进度和风险点；上传预算表，它快速找出异常数据或进行简单计算，极大解放管理者阅读和处理文档的负担。

❸ 多轮对话与上下文记忆：持续协作关系

（1）长上下文支持：DeepSeek 具备强大的上下文记忆能力，能记住前面大量的交流内容，并据此进行连贯的后续回应。这使得与 AI 的协作不再是碎片化的互动，而是可以围绕复杂管理议题展开多轮探讨、迭代和深化。

（2）持续优化与调整：你可以不断澄清、补充细节、调整方向，DeepSeek 会根据新的上下文调整其理解和输出，使结果越来越接近你的真实需求。这对于需要反复推敲的管理方案、计划书、沟通策略等尤为有用。

❹ 任务执行与逻辑推理：从助手到协作者

（1）结构化思维辅助：DeepSeek 擅长逻辑推理、结构化分析和问题拆解。你可以让它梳理复杂项目的关键路径、分析决策的潜在利弊、设计团队协作流程，甚至基于基础数据进行初步的趋势预测或风险评估。它能提供清晰的框架、逻辑链条和潜在选项，辅助你做出更明智的判断。

（2）代码能力：对于涉及技术管理、数据分析或希望自动化部分流程的团队，DeepSeek 具备理解和生成代码的能力。它可以帮你编写数据处理脚本、解释复杂代码功能、设计自动化流程的伪代码，为技术背景较弱的管理者提供强大的技术杠杆。

5 创意激发与灵感源泉：突破思维局限

当团队陷入思维定式，需要新的管理方法、团建点子、营销创意或解决冲突的途径时，DeepSeek 可以作为一个绝佳的头脑风暴伙伴。输入初步想法或面临的困境，它能快速生成大量多样化、富有启发性的点子、视角或解决方案，帮助你跳出常规，找到创新的突破口。

作为国产大模型，DeepSeek 在中文理解、表达和知识库上具有天然优势，更符合国内管理者的语言习惯和语境需求。而且其响应速度快，体验流畅，对普通用户免费开放，使用门槛低。大模型技术发展日新月异，DeepSeek 也在不断迭代升级，未来的能力只会更加强大。

1.2 高效使用 DeepSeek 的 5 大黄金法则

上一节，我们了解了 DeepSeek 是什么。然而，要想让它真正成为你管理工作中的超级助手，关键在于掌握高效使用它的方法。以下是高效使用 DeepSeek 实施小团队管理的五个黄金法则：

1 先想清楚再提问

花一分钟厘清核心需求和期望的输出形式，胜过花十分钟修改一份不满意的初稿。提问前，要明确目标，清晰定义任务，避免模糊提问。DeepSeek 虽然强大，但它不会读心术。像"该如何管理员工"这样的指令，会让它无所适从，输出结果也往往不尽人意。

你可以采用"任务驱动"提问法，具体描述需求：

· 具体：明确你要它完成的具体任务，比如写邮件、总结会议、分析数据或提供方案。

· 可衡量：定义期望的输出格式或关键指标，如输出一个包含三个关键点的总结，或写一封不超过 200 字的邮件。

· 可执行：提供必要的背景信息和上下文，因为 DeepSeek 的知识是静态的，它不了解你团队的独特情况。

· 相关：指明任务的目的和受众，比如这封邮件是发给潜在客户的，目的是介绍核心服务并请求会议。

例如，可以这样问："请根据以下团队成员本周提交的进度更新（可粘贴或上传文档），撰写一份给项目投资人的周报总结。要求：1. 突出项目整体进度（用百分比表示）；2. 列出本周完成的关键里程碑；3. 清晰说明当前遇到的主要风险（按高、中、低分级）及应对建议；4. 下周核心计划；5. 语言简洁专业，控制在 300 字以内。"

2 提供充分的背景信息

给 DeepSeek 的输入（文档、背景、约束）越充分，输出就越精准有效。在提问前或提问中，上传涉及任务的关键文件。

例如，上传会议录音转文字稿，让它提炼核心决议和待办事项；上传多份竞品分析报告，让它交叉对比，提炼出最有价值的 3 点洞察；上传团队成员提交的 KPI 数据表（Excel），让它计算达成率、找出异常值、生成可视化建议描述；上传一份冗长的产品需求文档，让它生成一份面向开发团队的简明技术要点清单。

如果无法上传文件，务必在提问时清晰提供关键背景信息，如角色、背景、约束和历史信息。

3 迭代对话出精品

不要期望一次提问就得到完美答案。把第一个回复当作初稿，通过多轮对话持续优化，深度挖掘价值。

第一轮：获得初步答案或草案。

第二轮：基于初步结果提供反馈、补充信息、要求调整方向或深化细节。例如，"你提供的团建方案很有创意，但预算有点超了（我们只有人均 200 元），能否基于现有方案，调整出一个更经济实惠的版本？"

第三轮及以后：继续深化、精炼或转换角度探讨。DeepSeek 能记住前面大量的对话内容，确保交流的连贯性。当思路不清晰时，可以通过引导式提问让 DeepSeek 帮助你梳理。

4 用角色扮演与视角切换激发更优方案

DeepSeek 可以轻松切换角色，为管理者提供宝贵的外部视角和专家意见。

例如，可以问："如果你是团队中那位比较内向的技术骨干，你会希望管理者在这次绩效面谈中如何与你沟通？"

也可以让 DeepSeek 从多角度分析，比如"请分别从财务角度、技术可行性角度和团队能力角度，评估一下这个新功能开发提案（上传提案）的利弊。"

5 说清楚格式要求节省时间

明确指定你需要的格式（列表／表格／结构），能极大提升你接收和处理信息的效率。常用高效格式包括：

（1）要点列表：适用于总结、行动计划、待办事项等。例如，"请用要点列出……"

（2）表格：适合对比分析、数据呈现、方案优缺点比较。例如，"请将优缺点整理成一个两列的表格。"

（3）层级结构：用于梳理复杂逻辑、项目分解、思维导图文本版。例如，"请用层级结构（如 1. , 1.1, 1.1.1）展示这个项目的主要模块和子任务。"

掌握这些高效使用 DeepSeek 的策略，你将从信息过载中解脱，从文案苦海中脱身，从思维瓶颈中突破，将更多宝贵的时间和精力聚焦于小团队管理中最核心的部分：战略思考、人才培养、关系建设和最终决策等。

1.3 使用 DeepSeek 时需要注意什么

DeepSeek 能显著提升小团队的效率。然而在拥抱 AI 带来的便利时，管理者必须清醒认识到其局限性和潜在风险，并建立使用规范。DeepSeek 是超级助手，但不是"万能的神灯"，更不能替代你承担责任。

1 信息准确性：警惕"一本正经地胡说八道"

DeepSeek 生成的内容并不能保证绝对事实正确。它有时会自信地生成完全错误或虚构的信息、数据、引用甚至法律条款，这种现象被称为"AI 幻觉"。对于依赖信息做决策的管理者来说，这是首要的风险。

比如，管理者要求 DeepSeek 提供特定细分市场的规模、增长率或竞争对手的详细财务数据时，它可能基于过时或拼凑的数据生成看似专业的分析。

或者，涉及劳动法、税务政策、行业监管规定等关键领域时，它可能遗漏关键细节或误解条文，必须咨询专业律师、会计师或查阅官方文件。

为此，使用 DeepSeek 时需注意以下事项。

（1）关键事实交叉验证：对 DeepSeek 提供的所有具体事实、数据、引用，尤其是可能影响决策的重要信息，必须通过权威信源进行核实。

（2）明确标注"非权威来源"：在内部使用 DeepSeek 生成的内容时，清晰标注"信息由 AI 生成，仅供参考，需进一步核实"。

（3）善用其"解释"而非"断言"能力：更安全的方式是让它解释某个概念或概述可能的选项，而非让它提供确凿的数据或给出确定的结论。

2 数据安全与隐私保护：守护团队的数字安全线

使用 DeepSeek 时，管理者可能因对话内容或上传文件，导致敏感信息泄露，如未公开的商业机密、核心技术细节、核心客户名单、员工个人身份信息、未公开的财务数据等。

为此，使用 DeepSeek 时需注意以下事项。

（1）严格信息审查：上传任何文件或输入对话前，彻底审查内容，移除或模糊化所有敏感信息。

（2）使用匿名化/泛化数据：在讨论涉及人或具体业务的问题时，使用匿名代号、模糊时间地点、使用概括性描述代替具体细节。

（3）密切关注平台政策：定期查阅 DeepSeek 官方关于数据隐私和安全的最新声明。

（4）建立使用规范：明确告知团队成员在使用 DeepSeek 处理工作信息时的安全红线。

3 决策责任与过度依赖：AI 不能替你"背锅"

管理者是团队决策的最终责任人，不能因为"这是 AI 的建议"而推卸决策失误的责任。AI 擅长逻辑和模式，但难以理解复杂的人际关系、团队氛围、个体情感需求和组织文化价值观。

为此，使用 DeepSeek 时需注意以下事项。

（1）AI 辅助，人类决策：始终牢记，DeepSeek 的输出是信息输入、思路启发或草案辅助，而非最终决策。

（2）关注人的因素：在处理涉及人的问题时，AI建议仅能作为参考背景信息，决策的核心必须基于管理者对个体和团队的深入了解和人文关怀。

（3）保持批判性思维：对 AI 的建议持续问"为什么？""这个建议的假设前提是什么？""它考虑了哪些因素，忽略了哪些因素？""这符合我们的团队价值观？"

4 偏见与公平性：AI 也可能"戴着有色眼镜"

大语言模型的训练数据可能包含社会固有偏见，模型可能在无意中放大或重现这些偏见，影响其输出的公平性。

为此，使用 DeepSeek 时需注意以下事项。

（1）警惕偏见信号：仔细审查 AI 生成的任何涉及人员评价、群体描述或机会分配的文本。

（2）中立引导：在任务指令中明确要求"使用无偏见的语言"，"确保建议的公平性和包容性"。

（3）审核校准：对 AI 在涉及人事或公平性的输出，必须进行严格的人工审核。

5 知识产权与版权归属：明晰创作的"所有权"

使用 DeepSeek 生成大量文本时，其知识产权归属可能不明确，直接使用可能涉及侵权风险或引发内部争议。

为此，使用 DeepSeek 时需注意以下事项。

（1）了解平台条款：仔细阅读 DeepSeek 用户协议中关于生成内容版权归属的条款。

（2）修改与创新：不要将 AI 生成内容直接作为最终交付物，进行实质性的修改、编辑、创新性补充。

（3）谨慎处理：避免让 DeepSeek 直接总结或改写明确受版权保护的他人作品。

认识到 DeepSeek 的局限性并规避其潜在风险，并非否定其价值，而是最大化其价值、实现可持续赋能的基础。负责任的管理者懂得在拥抱技术创新时，始终将人的价值、决策的责任和组织的安全放在首位。唯有如此，DeepSeek 才能真正成为小团队管理者的有效助手。

第

2

章

DeepSeek
提升小团队核心管理效率

效率是小团队管理是关键。在繁忙的日常工作中，繁琐的文档处理、
复杂的任务安排以及时间分配不均等问题，常常让管理者头疼不已。
Deepseek 的出现为解决这些问题提供了新思路。它可以为团队管理者
自动化处理文档信息、智能管理任务项目、优化日程安排。

2.1 用 DeepSeek 自动化文档与信息处理

信息处理，已成为小团队管理效率的隐形"黑洞"。管理者宝贵的精力，常常被海量文档的创建、整理、提炼、归档等重复性劳动无情吞噬。而 DeepSeek 能处理、提炼、生成信息，将你从"文档苦海"中彻底解放。

场景一：会议管理自动化——从录音笔到智能秘书

痛点：手动记录耗时费力，易遗漏重点；会后整理纪要痛苦；行动项追踪困难。

你可以这样使用 DeepSeek。

1. 录音转文字 + 智能纪要

上传会议录音（或直接粘贴语音转文字稿）后，你可以对 DeepSeek 说："请根据以下会议录音文字稿，生成一份结构化会议纪要。要求包括：会议主题、日期、参会人员、讨论要点（分项列出）、达成的共识、明确的决策、以及具体的行动项（需包含负责人和截止日期）。对于行动项，请特别标注。"

2. 行动项自动追踪表

你可以接着对 DeepSeek 说："请将上面会议纪要中的所有行动项单独提取出来，生成一个表格，列包括：行动项描述、负责人、截止日期、当前状态（初始为'待开始'）。并说明如何后续更新状态。"

3.智能提炼待办事项

对于短会或非正式讨论，可以直接粘贴聊天记录或笔记，然后对 DeepSeek 说："请从以下讨论记录中，识别并列出所有需要跟进的具体任务，并尝试建议负责人（如果记录中有提及人名）。"

场景二：项目文档处理——让信息随需而现

痛点：需求文档、设计稿等庞杂难查；新人熟悉项目慢；关键变更点难以快速掌握。

你可以这样使用 DeepSeek。

1.文档智能问答知识库

在上传项目核心文档（设计稿、技术方案等）。你可以向 DeepSeek 提问：

"请解释一下用户注册流程中的手机验证步骤是如何设计的？"

"查找所有提到'支付失败回调'的地方，并总结其处理逻辑。"

"对比 V1.2 和 V1.3 版本的需求文档，列出所有新增的功能点。"

2.复杂文档快速摘要

上传一份冗长的市场分析报告或技术白皮书，后，你可以要求 DeepSeek："请为这份文档生成一份摘要，重点包括：研究背景、核心发现、关键数据支撑、主要结论和建议。控制在 500 字以内。"

3.文档一致性检查

在上传需求文档和测试用例文档后，你可以要求

DeepSeek："请检查这两份文档，是否存在需求描述与测试用例覆盖不一致的地方？列出疑似遗漏或冲突的点。"

场景三：高效周报／月报生成 —— 告别"憋报告"的周五

痛点：写周报耗时耗力；内容容易流于形式；难以体现个人／团队价值。

你可以这样使用 DeepSeek。

1. 周报自动化

团队成员只需在日常记录关键工作（如在任务管理工具中更新状态、在文档里写几句进展）。周五汇总一周零散记录，然后要求 DeepSeek："请根据我本周的工作记录（见下方），帮我生成一份结构化的个人周报。要求包括：本周重点工作完成情况（按项目／任务分点说明成果）、遇到的问题及解决方案／需要的支持、下周核心工作计划。语言简洁专业。"

2. 团队周报／月报整合

在收集各成员周报或核心项目进展文档，后你可以要求 DeepSeek："请整合以下团队成员的本周工作摘要（或核心项目文档的关键进展更新），生成一份团队周报／月报。要求：按项目／模块总结整体进展和里程碑达成情况、突出团队亮点成果、汇总存在的主要风险和需要管理层关注的问题、简述下周／下月核心目标。注意整合信息，避免简单堆砌。"

当 DeepSeek 为你自动化了会议纪要的整理、项目文档的检索、周报月报的生成，你会发现，时间被奇迹般地释放了。DeepSeek 能让小团队管理者从"文档管理员"和"信息搬运工"的角色中解脱出来，真正回归到引领者、赋能者、决策者的核心使命上。

2.2　用 DeepSeek 做智能任务与项目管理

传统的项目管理工具（如 Excel、看板）解决了记录问题，却未能解决思考和洞察的负担。DeepSeek 能主动协助你规划、追踪、预警和优化，让项目管理从被动响应走向主动掌控。

场景一：从模糊目标到清晰任务——智能拆解的魔力

痛点：管理者下达任务时描述不清，导致成员理解偏差，执行效率低下。

你可以这样使用 DeepSeek。

1. 任务指令精炼与结构化

将你的初步想法告诉 DeepSeek："我们计划在 Q3 上线一个'用户积分商城'功能，目标是提升用户活跃度和留存。请帮我将这个目标拆解成具体的、可分配给 1–2 人执行的任务列表。每个任务需要包含：任务描述、期望产出物、建议负责人角色（如前端、后端、产品）、预估工作量（如人天）、关键依赖项（如有）。"

2. 复杂任务细化

对于某个具体任务（如设计积分兑换流程），你可以要求 DeepSeek："请将'设计积分兑换流程'这个任务进一步细化成 5~7 个更小的、可在一周内完成的子任务。子任务需包含输入、输出和验收标准。"

场景二：告别"黑箱"——实时进度追踪与风险预警

痛点：依赖成员主动汇报或手动更新看板，信息滞后；风险常在最后关头爆发。

你可以这样使用 DeepSeek。

1. 进度报告智能分析

每周收集成员简要进度更新（文字描述即可）。让 DeepSeek 整合分析：

"以下是团队成员本周的项目进度更新。请：

（1）总结每个核心任务／模块的当前状态（按计划、有延迟、已完成、受阻）；

（2）识别出所有报告了'受阻'或'有延迟'的任务，并列出具体原因（如依赖未完成、技术难点、资源不足）；

（3）根据当前进度和剩余时间，预测整个项目按时完成的风险等级（高／中／低），并说明主要风险点；

（4）生成一份给管理者的项目健康度简报（1~2 页 PPT 要点格式）。"

2. 关键路径预警

提供项目任务清单及其依赖关系，然后对 DeepSeek 说："以下是项目任务清单，包含任务名称、负责人、计划开始／结束日期、前置任务。请：

（1）识别出项目的关键路径；

（2）分析关键路径上是否有任务存在延迟风险（对比当前日期和计划日期）；

（3）如果存在延迟风险，计算该延迟可能对项目最终截止日期的影响天数；

（4）给出缓解建议（如调整资源、简化范围等）。"

场景三：从经验到能力——智能复盘驱动持续成长

痛点：项目结束匆忙收尾，复盘会流于表面，同样错误反复出现。

你可以这样使用 DeepSeek。

1. 项目复盘报告自动生成

收集项目过程中的关键文档（需求文档、迭代记录、测试报告、上线总结、用户反馈）及团队成员的个人小结，然后对 DeepSeek 说 "请基于以下提供的项目资料和团队成员小结，生成一份结构化项目复盘报告。报告需包含：

项目目标达成情况评估；

（1）主要成果与亮点；

（2）过程中遇到的核心挑战与应对措施（成功与失败的都要）；

（3）项目计划与实际执行的偏差分析（时间、成本、范围、质量）；

（4）提炼出的 3~5 条最重要的经验教训；

（5）对未来类似项目的具体改进建议。"

2. 知识卡片提炼

要从复盘中提取精华，你可以对 DeepSeek 说："请从上面的复盘报告中，提炼出关于'如何有效管理跨部门依赖'、'如何避免需求蔓延'这两个主题的 3 条关键行动建议，用简洁的要点（每条不超过 20 字）呈现，形成可放入团队知识库的'知识卡片'。"

DeepSeek 为你的小团队项目管理装上智能引擎。让执行清晰可见，让风险提前暴露，让经验持续沉淀。你会发现自己从繁杂的过程监控和信息处理中解放，回归到价值创造和团队引领的本质工作。

2.3 用 DeepSeek 优化日程与时间管理

时间是小团队管理者最稀缺也最易失控的资源。传统日历工具擅长记录，却无法帮你思考和优化时间的价值分配。DeepSeek 不仅能理解你的日程、任务和优先级，更能主动分析、规划、提醒和优化，助你从被动应付走向主动掌控，夺回时间主权。

场景一：驯服待办——动态优先级排序与计划

痛点：待办清单越来越长，分不清轻重缓急；计划总是被临时任务打断。

你可以这样使用 DeepSeek。

1. 每日 / 每周计划智能生成

汇总你的待办事项（来自邮件、聊天记录、任务工具或手动输入）后，可以让 DeepSeek 帮你规划："以下是我今天 / 本周待处理的任务列表（包含任务描述、预估耗时、截止日期、重要性高中低）。请：

（1）根据截止日期紧迫性、任务重要性和预估耗时，对这些任务进行优先级排序；

（2）结合我已知的会议日程（[提供今日 / 本周会议时间段]），建议一个具体的执行时间安排表（将任务分配到会议外的空闲时段），确保重要任务有足够时间块；

（3）特别标注出哪些任务如果今天 / 本周无法完成风险最高；

（4）识别是否有任务可以委托或需要沟通协调才能推进。"

2. 突发任务快速评估与插入

当临时任务（如老板紧急邮件）出现时，你可以问 DeepSeek："我当前今日计划如下：[粘贴你的今日计划]。现收到一个紧急任务：'处理客户 XX 的重大投诉，需 2 小时，今天下班前必须完成'。请评估：

（1）这个新任务的紧急性和重要性等级（与我现有任务相比）；

（2）它应该插入我现有计划的哪个位置？需要推迟或取消哪些原有任务？

（3）给出调整后的今日计划建议。"

场景二：捍卫时间——识别与保护你的心流时段

痛点：碎片化工作导致效率低下，需要整块时间处理核心工作却总被打断。

你可以这样使用 DeepSeek。

1. 自动识别专注时间

文字描述你未来几天的日程，然后问 DeepSeek："请分析我未来 3 天的日历日程，识别出连续空闲超过 1.5 小时的时间段。在这些时间段中，哪些是上午（精力较好）？哪些相对不容易被打扰（如非团队常规会议时间）？请列出最适合安排深度专注工作的时间窗建议。"

2. "请勿打扰"沟通模板

当需要告知团队你的专注时段时，你可以对 DeepSeek 说："请帮我生成一条发给团队群的简短、友好但明确的消息模板，告知大家我在接下来 [时间段] 将进行深度工作，关闭通知，如有紧急事务请通过 [指定渠道]，我会在 [时间段后] 统一处理。语气要专业且不失亲切。"

场景三：洞察时间——智能时间复盘与优化建议

痛点：感觉忙忙碌碌却成效不高，不清楚时间被哪些事情消耗。

你可以这样使用 DeepSeek。

1. 周度时间消耗报告

周末，你可以花 10 分钟记录（或根据日历 / 时间追踪工具导出文字摘要），并对 DeepSeek 说："请根据我本周的日程记录（会议、任务执行、沟通协调等）

的简要描述或分类标签（如：会议、项目 A 工作、项目 B 工作、邮件处理、临时沟通、行政事务、学习），帮我做一份时间消耗分析：

（1）估算各类活动的大致时间占比（%）；

（2）对比我的核心职责和目标，指出哪些类别耗时明显偏多或偏少？

（3）识别出可能存在的'时间黑洞'（如处理低价值邮件耗时过长）；

（4）基于分析，给出 1~3 条下周可操作的、具体的时间管理优化建议。"

2. 会议效率诊断

你可以提供一周参加的会议列表（会议主题、时长、你的角色），并对 DeepSeek 说："请分析我本周参加的会议：哪些会议是必须由我参加的？哪些会议效率较低（如目标不明确、议而不决、时间过长）？对于低效会议，请给出具体的改进建议（如：可否改为异步沟通？缩短时长？明确议程和决策人？）。"

DeepSeek 能帮你找回被浪费的时间，守住最宝贵的时间，用好每一分钟的价值。管理好时间，本质上就是管理好你的注意力、你的能量和你的人生。让 DeepSeek 助你，从时间的奴隶，蜕变为从容高效的团队领航者。

第 **3** 章

DeepSeek 赋能团队协作与驱动决策

小团队的发展离不开高效的协作与明智的决策。在团队协作中，信息传递的及时性、沟通的顺畅度直接影响着工作进展；而在决策过程中，精准的数据分析、科学的规划制定则是成功的关键。DeepSeek 能辅助团队高效沟通与协作，还能在战略规划、目标设定以及员工激励与决策驱动上发挥重要作用。

3.1 用 DeepSeek 促进高效沟通与协作支持

沟通协作的熵增是团队能量内耗源。DeepSeek 能理解沟通内容，更能主动提炼、澄清、连接和优化协作流程，让信息流更顺畅，让团队能量聚焦在创造价值本身。

场景一：告别信息迷宫——智能聚合与提炼核心信息

痛点：重要决策淹没在群聊中；查找历史讨论耗时费力；新成员难以快速了解背景。

你可以这样使用 DeepSeek。

1. 群聊关键信息摘要

复制一段冗长的团队群聊讨论（如关于某个需求或问题的讨论），然后问 DeepSeek："请分析以下团队群聊记录，提炼出：讨论的核心议题是什么？达成了哪些关键共识？存在哪些未解决的分歧点？明确了哪些具体的行动项及负责人？输出一份简洁的摘要（不超过 300 字）。"

2. 跨平台信息整合

提供邮件主题、会议纪要片段、文档评论等资料，然后要求 DeepSeek："以下是关于'XX 项目预算调整'的邮件主题行、会议纪要相关段落和文档评论。请整合所有信息，总结出：预算调整的具体金额、调整原因、涉及的部门 / 项目部分、最终的决策结果、需要跟进的下一步行动。"

场景二：降低表达成本——智能撰写与优化沟通内容

痛点：写邮件／消息字斟句酌耗时；表达不清引发误解；跨文化／语言沟通障碍。

你可以这样使用 DeepSeek。

1. 高效邮件／消息起草

描述你的沟通意图和背景，然后要求 DeepSeek："我需要写一封邮件给技术团队负责人张三。目的是：请求他们评估一个潜在的新技术方案'方案 A'对我们核心系统的影响。背景：我们正在考虑用它优化用户体验，但担心性能和集成风险。需要他们：

（1）在两周内给出初步可行性评估报告；

（2）重点分析性能影响和主要风险点；

（3）如需资源支持请提出。请帮我起草这封邮件，语气专业、清晰、尊重对方时间，包含必要背景和明确要求。"

2. 复杂概念／文档通俗化解释

粘贴一段技术性较强或表述复杂的文字，然后问 DeepSeek："请将以下这段关于 [XXX 技术／流程] 的描述，用通俗易懂的语言解释给非技术背景的团队成员（如市场或销售同事）听，避免使用术语，最好用类比或例子说明核心要点。"

3. 跨语言沟通助手（翻译＋本地化）

需要与海外同事／客户沟通时，可以对 DeepSeek说："请将以下中文信息：[粘贴相关内容]，翻译成专业、礼貌的商业英语邮件／消息。注意符合欧美商务沟通习惯。或者：请将以下英文客户反馈翻译成流畅自然的中文，并提炼其核心诉求和情绪倾向。"

场景三：润滑协作流程——智能生成协作模板与引导脚本

痛点：任务交接不清；反馈模糊无效；会议引导不力效率低。

你可以这样使用 DeepSeek。

1. 标准化任务交接清单

描述交接场景（如 A 将 XX 任务移交给 B），然后对 DeepSeek 说："请生成一份通用的'任务交接清单'模板。要求包含：任务背景与目标、当前状态与进度、已完成的关键工作及产出物、待完成的下一步及预期产出、关键依赖项与风险提示、相关文档 / 资源链接、遗留问题清单、交接双方确认签字栏。确保覆盖全面，避免信息遗漏。"

2. 结构化反馈模板

当需要给同事提供工作反馈（如设计稿、代码、文档评审）时，可以对 DeepSeek 说："请生成一个用于工作反馈（如设计评审、文档建议）的模板。要求：包含'具体观察 / 例子'、'造成的影响 / 潜在风险'、'具体的改进建议'、'优先级（必改 / 建议 / 优化）'等字段。鼓励使用客观描述性语言，避免主观评判。"

DeepSeek 在沟通协作中的价值，在于移除阻碍高效连接的一切摩擦力和噪音。借助它处理信息流，可以释放团队的心力。让你和团队成员能够更轻松、更清晰、更聚焦地交流想法、解决问题、共创价值。

3.2　用 DeepSeek 辅助战略规划与目标设定

缺乏清晰、共识、可落地的战略与目标是小团队资源浪费和动力涣散的根源。DeepSeek 能处理海量信息，更能深度分析、结构化思考、模拟推演，助你将模糊的愿景转化为清晰的路线图，让团队的每一分努力都精准指向共同的目标。

场景一：破解方向难题——战略选项生成与评估

痛点：战略方向讨论发散，难以聚焦；选项评估缺乏系统性，靠直觉拍板。

你可以这样使用 DeepSeek。

1. 战略选项头脑风暴引擎

提供你的核心使命愿景、SWOT 分析结果、关键资源约束（预算、人力等）后，问 DeepSeek："基于我们的使命愿景是 [简述]、SWOT 分析（见上方）、以及核心资源约束（如：团队规模小、预算有限），请为我们未来 12~18 个月的发展，生成 3 个具有差异化的潜在战略方向选项。每个选项需包含：

（1）方向核心描述（1 句话）；

（2）主要发力点与关键行动；

（3）预期收益与目标客户；

（4）所需的核心资源投入与主要风险。

要求选项之间具有明显差异性（如深耕现有市场 vs. 开拓新区域 vs. 产品多元化）。"

2. 战略选项评估矩阵

确定 2~3 个待评估的选项，然后问 DeepSeek："请设计一个评估矩阵，用于对比战略选项 A：[简述 A] 和战略选项 B：[简述 B]。评估维度需包括：市场吸引力（规模、增速）、与我们能力的匹配度、预期投资回报率潜力、执行难度 / 风险、与长期愿景的一致性。为每个选项在每个维度上评分（高 / 中 / 低）并简述理由。输出为对比表格。"

场景二：构建目标金字塔——智能 OKR/KPI 拆解与对齐

痛点： 公司目标难以有效分解到团队和个人；目标设定不合理；部门目标相互冲突。

你可以这样使用 DeepSeek。

1. 公司级 OKR 生成初稿

明确战略方向后，问 DeepSeek："基于我们确定的战略方向：[简述方向]，请为公司层面起草一份包含 2 个 Objective（目标）和每个 Objective 下 2~3 个 Key Results（关键结果）的 OKR 初稿。要求：

（1）Objective 需鼓舞人心、定性描述'我们想达成什么'；

（2）Key Results 需严格符合 SMART 原则（具体、可衡量、可达成、相关、有时限），是 Objective 达成的关键验证指标；

（3）注明 KR 的衡量单位和目标值。"

2. 部门 / 团队 OKR 对齐拆解

确定公司 OKR 后，为某个部门（如技术部）制定 OKR，可以这样问 DeepSeek："这是公司级的 OKR：[粘贴公司 OKR]。请为技术部门拆解其应承接和贡献的 OKR。要求：

（1）技术部的 Objective 需明确支撑公司哪个 / 哪些 Objective？

（2）技术部的 Key Results 需是技术团队可控、可直接影响，并能推动公司 KR 达成的。

（3）同样确保 KR 符合 SMART 原则。

输出技术部 OKR 草案，并说明其如何支撑公司目标。"

3. 个人目标建议

针对某位核心成员（如产品经理），可以这样问 DeepSeek："根据公司 OKR：[粘贴相关部分] 和产品团队 OKR：[粘贴产品团队 OKR]，请为产品经理张三生成 3~4 个季度关键个人业务承诺建议。个人业务承诺应聚焦其核心职责，且直接贡献于团队 OKR。每个 PBC 需包含具体任务、成功标准、完成时限。"

场景三：编织落地之网——行动计划与风险预案生成

痛点：目标有了，但具体怎么干不清楚；对潜在风险准备不足。

你可以这样使用 DeepSeek。

1. 关键举措与里程碑规划

针对一个重要的 Objective 或 KR，可以这样问 DeepSeek："为达成 Key Result：'在第 3 季度结束前上线新核心功能 X，并实现 Y% 的活跃用户使用率'，请生成一份关键举措与里程碑计划。要求：

（1）列出必须完成的 5~7 项关键举措（如：完成功能需求定稿、开发与测试、用户引导方案设计）；

（2）为每项举措设定负责人（角色）、预计开始/结束时间、所需资源；

（3）设定 3~4 个关键里程碑节点及预期完成时间（如：需求冻结日、正式发布日）；

（4）输出为表格或时间轴形式。"

2. 风险识别与应对预案

针对上述计划或整个战略方向，你可以问 DeepSeek："请分析我们制定的'上线新核心功能 X'计划（或战略方向 Y），识别出 3~5 个最可能发生或影响最大的潜在风险（如：关键技术依赖延期、核心成员流失、用户反馈不及预期）。针对每个风险，请建议 1~2 条具体的、可操作的预防措施和 1 条应急响应预案。"

在充满不确定性的时代，清晰的战略与坚定的目标是引领小团队穿越迷雾、驶向成功的灯塔。DeepSeek 可以为管理者提供强大的信息处理引擎、结构化的思考框架和高效的表达工具。它放大了小团队的思考带宽，让有限的智慧资源聚焦于最核心的价值判断和选择。

3.3　用 DeepSeek 驱动员工激励与协助决策

激励员工和做出公平、明智的人事决策，是管理者的艺术，但也应是科学的实践。DeepSeek 能分析数据、洞察模式，更能辅助生成个性化方案、模拟决策影响，让对人的管理，既精准高效，又充满温度。

场景一：告别"一刀切"——智能生成个性化激励方案

痛点：激励方式单一（仅加薪或口头表扬），无法满足不同员工需求（认可、成长、自主权、归属感）。

你可以这样使用 DeepSeek。

1. 员工画像与激励偏好分析

提供员工基本信息（角色、入职时间）、关键贡献、过往反馈、沟通中流露的线索（如提到对学习新技术感兴趣），然后问 DeepSeek：

"请基于以下信息为员工李四生成一份简明的'激励偏好画像'：

· 角色：高级开发工程师，入职 2 年；

· 近期关键贡献：主导完成了 XX 核心模块重构，性能提升 40%；

· 过往反馈：在 1 对 1 中表达过希望承担更复杂设计任务；在团队分享中表现积极；

· 其他线索：在聊天中提及对机器学习有兴趣。

分析其可能的激励因子（如：专业认可、技术挑战、学习成长、自主性）并排序，推测其当前未被满足的核心需求点。输出画像摘要。"

2. 定制化激励方案建议

结合画像和公司可用资源，问 DeepSeek："根据李四的激励偏好画像（突出：技术挑战、专业认可、学习成长），以及我们团队可提供的资源（如：预算额度、培训机会、项目自主权、曝光度），请生成 3~4 条针对李四的、具体可行的近期激励措施建议。例如：

· 提名其参选公司季度技术明星奖（满足认可需求）；

· 分配其负责下一个涉及机器学习的新项目模块（满足挑战与学习需求）；

· 授权其独立设计和决策某个子系统的技术方案（满足自主性需求）；

· 说明每条建议预计能触达的激励因子。"

场景二：破解反馈难题——构建建设性沟通桥梁

痛点：绩效反馈空洞（干得不错／需要改进），辅导缺乏具体行动建议，沟通效果差。

你可以这样使用 DeepSeek。

1. 绩效评价结构化与实例化

提供对员工的原始观察记录（项目表现、关键事件），然后问 DeepSeek："请将我对员工王五的以下零散观察记录：

· 在 X 项目中，按时交付了负责模块，但代码注释较少，导致后期维护同事理解困难。

· 在团队讨论中能提出想法，但有时打断别人发言。

· 主动帮助新人张三解决了环境配置问题。

转化为一份结构化绩效反馈草稿。要求：

（1）按维度组织（如：任务执行、技术能力、团队协作）；

（2）每个评价点包含具体事例（STAR 原则：情境、任务、行动、结果）；

（3）优势与待改进点清晰分离；

（4）为每个待改进点提供 1-2 条具体的、可操作的改进建议。"

2. 发展性谈话脚本生成

针对某个待改进点（如提升沟通效率），可以对 DeepSeek 说："请为我与王五进行一次关于'提升在团队讨论中的沟通效率'的发展性谈话，设计一份引导脚本。脚本需包含：

· 开场：建立信任，说明目的（基于 XX 观察，共同探讨提升空间）；

· 探讨环节：引导其自我反思（如：'你觉得在讨论中如何平衡表达自己和倾听他人？'）＋分享具体观察（用上面的事例）；

· 共商解决方案：共同讨论 1~2 条可行的改进策略（如：使用'发言棒'、先列要点再发言）；

· 制定行动计划：明确具体行动、支持资源、跟进时间；

· 总结与鼓励。"

酬范围（如知晓）、以及其当前薪酬水平，生成一份用于晋升／调薪讨论的辅助报告。报告需：

（1）突出其核心价值与贡献亮点；

（2）对标其成长与市场／内部公平性；

（3）给出调薪幅度或晋升职级的建议范围及理由；

（4）提示需要关注的风险点（如有）。"

3. 项目分配影响推演

考虑将重要新项目交给某位员工，可以对 DeepSeek 说："分析若将'新 AI 项目负责人'角色分配给员工 C（而非员工 D），可能带来的影响。考虑维度：

· 对 C：发展机会、能力匹配度、当前负荷是否过载？

· 对 D：潜在失落感、对其发展的影响？

· 对团队：短期效率、长期能力建设、团队氛围？

· 对项目：成功概率、风险点？

列出主要积极影响和潜在风险，为最终决策提供更全面视角。"

DeepSeek 让基于数据的科学洞察与充满温度的共情领导得以完美结合。拥抱 DeepSeek，让它释放你作为领导者的核心潜能——理解人、关怀人、发展人、凝聚人。让 DeepSeek 助你打造一个员工敬业、决策科学、充满活力的高绩效团队。